LE
VIN

LE
VIN

DÉCOUVRIR ET APPRÉCIER

Fiona Sims

p

À Mark et Birdy

Parragon

Queen Street House

4 Queen Street

Bath BA1 1HE

Royaume-Uni

Réalisation **ML Éditions, Paris**

Traduction **Claire Debard**

ISBN 1-40541-319-0

Imprimé en Chine

Sommaire

Introduction

Savoir apprécier le vin n'est plus un privilège réservé aux élites. Le vin n'appartient plus à aucune classe sociale. Il est devenu abordable et disponible partout – le mérite en revient d'ailleurs aux amateurs de vin, car s'ils n'étaient pas disposés à goûter toujours de nouveaux produits, les viticulteurs ne se donneraient pas la peine d'en élaborer.

Le monde appartient aux amateurs de vin – ou plutôt, pourrait-on dire, aux collectionneurs de bouteilles, dont l'offre n'a jamais atteint un tel niveau, faisant crouler les étagères des supermarchés comme des œnothèques. Quant aux prix, ils n'ont jamais été aussi raisonnables, et aujourd'hui les vins accep-

tables ne manquent pas, même très bon marché – en fait, les piquettes et autres gros rouges d'antan ont quasi disparu.

Pour commencer, la science a prouvé ce que les anciens Grecs ont toujours su : que le vin est sain – consommé avec modération, bien sûr. Une bonne raison de se réjouir, donc.

Tant de choses ont changé depuis seulement dix ans ! Prenons le cas de l'Australie. Son vin était encore une curiosité à la fin des années 1980, lorsque le monde n'appréciait que des produits français, allemands et italiens. À présent, ce continent est numéro deux mondial, loin devant l'Allemagne et l'Italie.

Un nouveau monde du vin est né dans le Pacifique, un monde sans châteaux ni communes, où seuls comptent le cépage et le goût. Munis de matériel flambant neuf et fourmillant d'idées originales, les nouveaux producteurs créent des vins éclatants, juteux et mûrs, dont l'étiquette n'indique que le cépage – un langage que tout le monde comprend.

L'Ancien Monde a ouvert les yeux et réalisé que, après tout, les méthodes ancestrales n'étaient pas toujours les meilleures. On voit aujourd'hui des héritiers loger dans les caves de leurs ancêtres des cuves en acier inoxydable pour y élaborer des vins prêts à être servis, sans attendre des décennies. Ils s'ouvrent à la critique et aux conseils techniques des nouveaux venus qui écument l'Europe, transformant autant les attitudes que le vin.

On en sait de nos jours beaucoup plus sur la manière de faire venir le raisin à maturité et d'en tirer le maximum, même lorsque le climat n'est pas de la partie. Le savoir-faire scientifique occupe une place éminente dans la détermination du niveau de sucre, de l'acidité, des tanins, de la couleur ou des

arômes du raisin, ainsi que dans sa transformation en vin. Quelques grincheux, véritables Cassandres, ont beau prévenir que tous les vins – dits « de laboratoire » – finiront par se ressembler, les méthodes modernes permettent aux producteurs de tirer le meilleur parti de leur fruit et de leur terrain. Les plus doués parviennent même à exprimer les nuances subtiles d'un vignoble particulier, voire l'emplacement particulier du vignoble.

Les différences sont parfois réellement perceptibles. Il suffit pour les capter d'un peu de confiance en soi, et la confiance vient avec la connaissance.

C'est là qu'intervient notre guide. Il est destiné à tous ceux qui, faisant leurs premiers pas dans le monde du vin, *a priori* une jungle impénétrable, souhaitent en apprendre les règles de base et y trouver leurs repères. Ce guide leur permettra de faire leur choix en toute sérénité et sans hésitation, aussi bien au supermarché que chez un petit commerçant ou au restaurant.

La première étape est la dégustation : apprendre à goûter et se faire une idée des différents cépages et des styles, afin de distinguer, par exemple, les merlots au goût de prune des cabernets parfumés au cassis.

Ensuite, le service. Que servir à un mariage ? Ou avec des plats indiens ? La réponse est dans ces pages, qui vous guideront parmi les aliments les plus difficiles à assortir au vin et vous indiqueront où acheter ce dernier – du cyberespace au fournisseur spécialisé.

Sans oublier les aspects pratiques, depuis le choix des verres appropriés (on sent tout de suite la différence) jusqu'au déchiffrage des étiquettes, en passant par l'identification d'un goût de bouchon et les informations sur la conservation du vin, afin d'éviter que vos trésors ne soient menacés par la proximité du réfrigérateur ou de la cuisinière.

Un rapide voyage à travers les vignobles du monde entier indiquera les différences entre leurs cépages et leurs vins, tout en expliquant les systèmes de classement – souvent obscurs – de nombreux pays.

Pour finir, nous ferons un tour dans les caves. En savoir plus sur l'élaboration du vin aide souvent à l'apprécier.

Notez bien, enfin, que, plus vous goûterez, plus vous apprendrez. Alors, plutôt que d'en rester à quelques bouteilles habituelles, attaquez-vous sans cesse à quelque chose de nouveau, et renouvelez les expériences pour affiner votre goût et accroître votre capacité de jugement.

au cœur du raisin

Le goût est évidemment le premier critère à prendre en compte pour choisir un vin. Pour s'en faire une idée préalable, l'indication du cépage est primordiale. S'il existe des centaines de cépages – variétés de vigne –, seul un petit nombre se retrouvent dans la plupart des vins.

Cependant, avant de se soucier de littérature, il faut apprendre à goûter le vin. Les gestes étranges des dégustateurs qui font tourner le vin dans leur verre et l'examinent par transparence avant de le rouler en bouche… et de le cracher ont tous un sens précis et, avec de l'entraînement, vous atteindrez un niveau convenable de compétence et mériterez le titre de « fin palais ».

La dégustation

Plus on goûte de vins, plus la capacité de perception se développe. Et la manière de goûter fait toute la différence. Les rites étranges des dégustateurs sont en fait très simples : faire tourner le vin dans le verre, le humer, le goûter et le cracher. Mais pourquoi faire tourner le vin dans le verre ? Qu'est-on censé chercher exactement ? Qu'est-ce que le tanin ? Et l'acidité ?

La première étape consiste à remplir le verre jusqu'au tiers. Bien l'observer. L'incliner légèrement devant un fond blanc ou l'élever vers la lumière du jour pour distinguer la succession de nuances du centre jusqu'au bord – les vieux rouges pâlissent sur le bord en prenant une teinte fauve à brunâtre, tandis que ceux de climats chauds et issus de cépages corsés présentent les couleurs les plus profondes.

Imprimer au verre un large mouvement de rotation pour libérer tous les arômes du vin, y enfoncer le nez et humer lentement. Les premières impressions sont les plus fortes, car, après avoir senti deux ou trois fois, l'odorat est neutralisé. Un dégustateur expérimenté peut en dire beaucoup dès cette étape, notamment deviner le cépage ou la provenance – un novice apprendra rapidement à repérer les arômes fruités de chaque cépage.

En humant le vin, penser en termes familiers aux arômes rencontrés. Tout le monde peut reconnaître le chocolat chaud, l'herbe fraîchement coupée ou même la pêche melba. En termes de sensations olfactives, chacun possède ses propres références, et cela fait partie du jeu.

Passons à la dégustation proprement dite. Prendre une gorgée du breuvage et la faire circuler en bouche. Si les experts sont si bruyants, c'est parce qu'ils essaient de mettre le vin en contact avec la surface totale de la langue, dont chaque partie détecte un goût différent : le sucré sur la pointe, le salé plus en arrière, l'aigre ou l'acide sur les côtés, et l'amertume tout au fond. Prendre note de l'acidité, de la douceur ou de l'âpreté, et s'aider en aspirant un peu d'air, afin de relancer les arômes et les saveurs – bref, bien « mastiquer » le vin.

Noter ses premières impressions : certains goûts sont plus manifestes que d'autres, mais ne pas s'attendre à découvrir

Ne remplir qu'un tiers du verre pour pouvoir humer pleinement tous les arômes.

tout un jardin de saveurs dès la première fois. Observer la consistance : le vin est-il léger, de corps moyen ou plein ? Est-il équilibré ? Quels sont les niveaux d'acidité, d'alcool, la sécheresse/douceur, le fruité, les tanins ? Pour finir, avaler – ou recracher, si la dégustation comporte d'autres vins – et noter les saveurs persistantes (connues sous le nom de « longueur »), puis décider si l'on aime ou non ce vin.

Principaux critères

Acidité

L'acidité signifie un goût vif et frais. Le vin sera désagréablement piquant et amer si l'acidité est excessive, et manquera de corps si elle est insuffisante.

Alcool

L'alcool est présent dans tous les vins. Plus son taux est élevé, plus on a en bouche une impression de rondeur. Si ce taux est déséquilibré par rapport au fruité ou aux tanins, le vin paraîtra très épicé et évoquera le piment fort.

Prendre une petite gorgée et la rouler en bouche, sans se soucier des bruits produits.

Sécheresse ou douceur

Toutes deux dépendent de la quantité de sucres naturels. La douceur doit être équilibrée par l'acidité pour éviter que le vin ne devienne sirupeux – mais ne pas confondre acidité et sécheresse : un vin très sec, tel le xérès fino, peut aussi être acide.

Fruité

Pour déterminer le fruité, laisser libre cours à son imagination. Le vin n'a ni l'odeur ni le goût du raisin. Ses parfums peuvent rappeler d'autres fruits, voire le chocolat, le cigare, la noix, le café, ou même la pâte à pain en train de lever.

Tanins

Les tanins créent l'impression pâteuse et desséchante que laisse en bouche un rouge très jeune. Ils proviennent de la rafle : tige de la grappe, pépins et peaux des grains de raisin. Les tanins donnent du poids au vin et s'adoucissent avec l'âge.

Les grands cépages blancs

Le chardonnay pousse aussi bien sous la chaleur de Californie et du Pacifique que dans son frais berceau du centre-est de la France. Les vins issus de ce cépage comptent parmi les plus populaires du monde.

Chardonnay

Ce nom est si familier aux amateurs de vin que peu réalisent qu'il s'agit en fait d'un cépage et qu'il est à l'origine d'un autre grand favori – le chablis.

Aire de culture

Le chardonnay a parcouru le monde avec partout le même succès en donnant, au pis, des vins gouleyants : on le trouve aussi bien en Colombie-Britannique canadienne que dans les îles Britanniques et en Inde qu'en Uruguay. Seul le Portugal semble lui avoir résisté. Ce cépage est aujourd'hui synonyme de vin blanc aux États-Unis, et il est dominant en Australie grâce à son style riche et lourd.

Saveurs et arômes

Les meilleurs chardonnays possèdent des arômes complexes de noix, de beurre, de pain grillé ou de champignon pour des goûts allant de la pomme et du citron à la pêche et au melon, avec les mêmes notes de beurre, de crème et de noix. Incroyablement facile à cultiver, il se plaît autant sous le climat frais de la Bourgogne, sa patrie d'origine, que sous celui de la côte centrale californienne.

Le chardonnay aime le chêne et, dans le monde entier, les viticulteurs ont découvert que l'association des deux (que ce soit en fût, ou simplement avec des copeaux ou des douves de chêne) permet de reproduire la richesse que les bourgognes blancs classiques mettent des années à acquérir.

Il s'associe facilement à des cépages au goût moins prononcé, mais aucun des plus grands chardonnays n'est coupé.

Sauvignon blanc

Sancerre, pouilly-fumé et fumé blanc constituent encore l'essentiel des commandes dans les bars à vins branchés, mais peu de consommateurs savent que tous sont produits à partir de sauvignon blanc.

Aire de culture

Cépage classique cultivé depuis des siècles en France, de la Gironde au Val de Loire, le sauvignon blanc donne, assemblé au sémillon, les savoureux vins doux de Sauternes et de Barsac. Il n'est populaire dans le Nouveau Monde viticole que depuis vingt ans environ et y donne des vins aux saveurs très diverses – mais toujours reconnaissables.

Saveurs et arômes

« Du pipi de chat sur un groseillier » est une description fréquente – notamment à propos de la région néo-zélandaise de Marlborough où prospère le sauvignon blanc. Dans les zones plus chaudes de Californie, du Chili et d'Australie, il est sec, moelleux, crémeux et manque parfois de corps. L'Afrique du Sud en revanche y excelle, notamment dans les régions fraîches de Constantia et Elgin, et on peut alors ajouter le pamplemousse fraîchement pressé et le citron vert à sa gamme de saveurs.

Le riesling, à la base de bon nombre des plus grands vins blancs secs allemands, est soigneusement cueilli à la main.

Riesling

Ne pas confondre ce cépage avec le riesling italien ou le welschriesling – avec lesquels il n'a aucun lien de parenté. En revanche, il est rigoureusement identique au johannisberg et au riesling du Rhin. C'est malheureusement l'un des cépages les moins appréciés, alors qu'il donne des blancs secs parmi les plus fins (et d'excellents vins doux) du monde.

Aire de culture

La plupart des rieslings proviennent d'Allemagne. Plus que tout autre cépage, ils reflètent les différences de sols et de microclimats sans perdre pour autant leur identité, des styles métalliques de la Sarre aux vins filants et âcres du Palatinat ou des sommets escarpés d'Alsace. Le riesling est un cépage à maturation précoce qui convient à ces régions plutôt fraîches d'Allemagne et d'Alsace – il n'en est pas moins planté aujourd'hui dans tout l'hémisphère Sud et donne des résultats spectaculaires en Australie, où le climat plus chaud confère aux vins un caractère de fruit exotique.

Saveurs et arômes

Les rieslings, extraordinairement parfumés, évoquent toutes sortes de fruits, le miel, les minéraux, les fleurs et même le pétrole, ce qui est apprécié. Leur potentiel de vieillissement est énorme – un vin de vingt ans d'âge peut rester remarquable.

Sémillon

L'un des héros méconnus du vin blanc français, le sémillon est pourtant un composant clé du bordeaux, du sauternes et du graves.

Un moulin à vent veille sur les vignobles de chenin blanc du Val de Loire, tandis que le raisin mûrit sous un beau ciel bleu.

Aire de culture

Le sémillon non coupé brille véritablement en Australie, notamment dans la Hunter Valley, et il est le deuxième cépage du Chili, après le sauvignon blanc. Même la Nouvelle-Zélande s'y essaie.

Saveurs et arômes

Le sémillon est souvent coupé avec du chardonnay, mais, seul, il est plutôt neutre, bien qu'il puisse vieillir plus de vingt ans lorsqu'il est cultivé dans certaines régions, vendangé à un certain degré de maturité et élaboré selon une certaine méthode comportant une fermentation en fûts. S'il peut produire des blancs secs délicieusement citronnés en France, il donne des vins plus riches et cireux en Australie, dégageant de forts arômes de caramel lorsqu'ils sont vieux.

Chenin blanc

Cépage des plus irréguliers, le chenin blanc peut, au mieux, donner des vins doux parmi les plus fins du monde, dotés d'un important potentiel de vieillissement.

Aire de culture

En France, le chenin blanc est surtout cultivé dans la partie centrale du Val de Loire. Ailleurs, il domine les cépages blancs. En Afrique du Sud, il donne des vins secs, gouleyants et rafraîchissants, quoique un peu ternes. Il prospère en Californie, où il termine souvent en base plutôt quelconque de vins blancs de table raisonnablement gouleyants à divers degrés de douceur.

Saveurs et arômes

La version sèche peut donner des vins très intenses aux arômes de pomme, d'abricot, de miel ou de paille. Le chenin blanc est aussi très utilisé pour des mousseux, néanmoins beaucoup moins remarquables.

Autres cépages blancs

Aligoté

Deuxième cépage blanc de Bourgogne, il donne un vin acceptable les bonnes années sur les meilleurs coteaux et les sols pauvres. Il est excellent pour le kir et très apprécié en Bulgarie et en Roumanie pour sa forte acidité. C'est également le deuxième cépage blanc de Russie, et on en trouve au Chili et en Californie.

Colombard

Mieux vaut ne pas s'attendre à des merveilles de la part du colombard. Ce cépage est très planté dans le sud-ouest de la France pour le cognac ou l'armagnac, et donne le meilleur de sa fraîcheur vive et herbacée dans les côtes de Gascogne. En revanche, en Californie, en Afrique du Sud et en Australie, la chaleur favorise des saveurs piquantes de fruits tropicaux.

Gewurztraminer

Sans doute le plus parfumé des cépages, le gewurztraminer à peau rose est cultivé en Allemagne, en Autriche, en Italie du Nord, en Europe orientale et dans quelques pays du Nouveau Monde. Il est immédiatement reconnaissable à ses arômes de litchi, de rose, de gingembre et de cannelle (*Gewürz* signifie « épices »). En Alsace, où on le retrouve dans trois styles – sec, doux (vendanges tardives) et très doux (sélection de grains nobles) –, il exale un parfum des plus exotiques. Très prometteur sous les climats frais de l'hémisphère Sud.

Grüner veltliner

Le grand cépage blanc d'Autriche donne des vins allant du blanc ordinaire dans le Weinviertel, en Basse-Autriche, à des crus plus sérieux dans la Wachau. Son fruité vert et piquant en fait le partenaire idéal de nombreux mets.

Marsanne

Ce blanc charnu et peu acide est originaire du nord du Rhône, où il a quasi supplanté son partenaire traditionnel d'assemblage, la roussanne. La marsanne est très populaire dans le monde entier et donne en Australie des blancs secs et costauds regorgeant de chèvrefeuille et de mangue.

Dans la vallée du Rhône d'où elle est originaire, la roussanne est traditionnellement assemblée à la marsanne, mais elle est aussi de plus en plus appréciée seule en Californie.

Le muscat blanc à petits grains, cépage classique de Beaumes-de-Venise, donne le vin au goût de raisin le plus prononcé du monde.

Melon de Bourgogne

Souvent appelé à tort « muscadet », nom d'un célèbre blanc sec de la Loire dont il forme la base, le melon de Bourgogne est cultivé presque exclusivement dans cette région. Plutôt neutre, il présente une bonne acidité et une bouffée d'air marin accompagnant à merveille les coquillages. Mis en contact avec ses lies (muscadet « sur lie »), il dégage un vif arôme citronné et une agréable finale de noix.

Müller-thurgau

Le pire des cépages allemands, le müller-thurgau est un croisement entre le riesling et le silvaner utilisé pour la production d'assemblages doucereux et bon marché – heureusement en déclin. Il a cependant ses partisans : une poignée d'Italiens du Haut-Adige et quelques vignerons suisses parviennent à produire un fruit agréable. Sans oublier l'Angleterre, dont il est le premier cépage et où il peut donner des blancs vifs et moyennement secs.

Muscats

La grande famille des muscats va du muscat d'Alsace au parfum de rose, léger et élégant, au moscato d'asti, pétillant doux et peu alcoolisé. Sans oublier les « liqueurs muscats » australiens, les moscatels espagnols et les vins doux naturels du sud de la France.

Pinots

Le pinot blanc possède un fruité de pomme et de beurre semblable à un chardonnay sans chêne. Il s'accorde à de nombreux mets et a le plus de goût en Alsace et en Autriche, bien que l'Allemagne, notamment le Palatinat et le Bade, et le nord-est de l'Italie produisent aussi de bons vins secs.

Le pinot blanc est une mutation du pinot gris, aujourd'hui très à la mode et qui peut donner toutes les nuances de styles entre l'ultra-sec et le richement doux.

Le pinot gris est planté dans toute l'Europe centrale et orientale jusqu'au nord de l'Italie (pinot grigio, léger et neutre). Les meilleurs viennent d'Alsace, mais l'Allemagne, l'Autriche et la Suisse obtiennent d'assez bons résultats. Hors d'Europe, l'Oregon est la région qui a montré le plus d'intérêt pour le pinot et produit des vins secs légèrement mielleux.

Roussanne

Autre cépage rare, la roussanne, née dans la vallée du Rhône, possède un arôme inoubliable – presque sauvage, aux saveurs de fruits à noyau mûrs, d'agrumes et de foin. Bien que souvent coupée, car c'est l'un des quatre cépages autorisés pour le châteauneuf-du-pape blanc, elle est aussi l'étoile montante de la côte centrale californienne.

Scheurebe

Hybride allemand conçu pour réunir les qualités du silvaner et du riesling, le scheurebe n'est guère plus intéressant que le müller-thurgau. Le raisin, bien que sucré, conserve son acidité et résiste peu au botrytis (*Botrytis cinerea,* ou pourriture noble) – ce qui permet la production des excellents vins doux beerenauslese et trockenbeerenauslese. Sous le nom de sämling 88, il est expérimenté en Autriche.

Sylvaner

(On écrit aussi silvaner.) Encore un cépage allemand qui ne s'est guère aventuré hors de son pays d'origine. Il fut grand pendant la première moitié du XXe siècle et brille encore en Franconie. Près de la moitié des pieds de silvaner allemands sont cependant plantés en Hesse rhénane, capitale mondiale du cépage.

Torrontés

Grand espoir blanc de l'Argentine, le torrontés donne des vins épicés, secs et rafraîchissants. Né en Galice, dans le nord-ouest de l'Espagne, il contribue dans cette région aux blancs de Ribeiro.

Verdelho

Ce cépage d'origine portugaise occupe le devant de la scène en Australie, où il donne des vins secs éclatants, piquants et charnus, notamment dans la Hunter Valley. Certains le considèrent même comme le cépage blanc classique de McLaren Vale, en Australie-Méridionale.

Viognier

Cépage capiteux et parfumé, à faible rendement, originaire du nord de la vallée du Rhône et longtemps sans rival. À présent, les concurrents sérieux sont nombreux en Californie et en Australie. Son berceau spirituel reste cependant l'appellation Condrieu, dans le Rhône, où ses arômes passent des fleurs aux fruits à noyau.

Ugni blanc (trebbiano)

Sans être le plus intéressant des cépages, l'ugni blanc est planté à large échelle, tant en Gascogne et en Languedoc qu'en Italie. Là, sous le nom de trebbiano, il donne des blancs neutres : soave, frascati, orvieto. En raison de son goût peu prononcé, il est souvent coupé ou utilisé pour la production d'eau-de-vie.

Le pinot blanc, mutation par décoloration du pinot gris, donne toutes sortes de vins, de l'ultra-sec au richement doux.

Les grands cépages rouges

Cabernet-sauvignon

Sans doute le cépage le plus connu, le cabernet-sauvignon est cultivé dans presque tous les vignobles du monde.

Aire de culture

De sa base de Bordeaux, où il est souvent coupé, il a été repris par d'autres régions françaises, puis par le reste du monde. Il peut être assemblé à des cépages locaux ou mis en bouteilles seul.

Saveurs et arômes

Même assemblé à de nombreux autres cépages et malgré les différences de sol ou de climat, le cabernet-sauvignon parvient toujours à garder son caractère propre – on le reconnaît de loin à son puissant arôme de cassis. Il n'en existe pas moins de multiples variantes : l'Australie et la Nouvelle-Zélande mettent davantage l'accent sur le fruité moelleux mêlé de vanille, tandis que le Chili préfère la prune juteuse et le cassis. La Californie a développé son propre style. Même le Liban s'y met.

Merlot

Gras, juteux et tannique sans excès, le merlot possède un attrait universel.

Aire de culture

La mention du merlot bordelais de la rive droite de la Garonne fait soupirer bien des amateurs. Le centre en est situé à Saint-Émilion et à Pomerol, qui produisent des vins sérieux et incitent les vignerons du monde entier à toujours plus d'efforts. Si le merlot reste le cépage le plus planté du Bordelais, il est également très présent dans le sud de la France pour les vins de pays, ainsi qu'en Afrique du Sud, en Australie et en Nouvelle-Zélande. Enfin, il a récemment agité le monde viticole américain en y devenant le pendant rouge du chardonnay.

Saveurs et arômes

Cerise noire, cassis, prune, vanille, caramel ou épices, sans oublier le fruité abondant, tannique et chocolaté du merlot américain, ni le fruité moelleux et le goût de prune développé au Chili et en Argentine.

Le cabernet-sauvignon aux arômes de cassis, reconnaissables entre mille, est cultivé dans presque tous les vignobles du monde et constitue la base de nombreux grands rouges.

Difficile à cultiver et donnant des vins parfois décevants, le pinot noir connaît néanmoins un grand succès en Californie et en Nouvelle-Zélande, comme dans sa Bourgogne natale.

Pinot noir

En vrai charmeur, le pinot noir suscite des qualificatifs fleuris chez tous les amateurs, même les plus conservateurs, et représente le Saint-Graal pour bien des viticulteurs.

Aire de culture

La meilleure région est la Côte d'Or, où le pinot noir devient plus parfumé et exotique avec l'âge. Parmi les autres régions françaises, on trouve la Loire, l'Alsace et, bien sûr, la Champagne. Hors de France, tous les pays – de l'Allemagne à la Roumanie – ont connu un certain succès avec ce cépage, pourtant difficile à cultiver. En effet, sa peau fine et sa maturation précoce le rendent très sensible au climat (s'il est trop froid, le raisin sera dilué ; s'il fait trop chaud, ce sera de la confiture), mais, avec un site approprié, rien à craindre. Hors d'Europe, les tentatives se poursuivent. Certains viticulteurs de la côte centrale californienne ont réussi à le cerner, et les résultats ne sont pas non plus trop mauvais à Carneros, tandis qu'il prospère en Oregon et que la Nouvelle-Zélande est le premier producteur de l'hémisphère Sud.

Saveurs et arômes

Les meilleurs pinots noirs associent toute une gamme d'arômes fleuris et fruités – rose et framboise, cerise et airelle, truffe et gibier – à une texture incroyablement soyeuse.

Syrah (shiraz)

Autre cépage doté d'une personnalité et de goûts multiples, la syrah – connue sous le nom de shiraz en Australie – donne de très grands vins.

Aire de culture

La syrah est originaire du nord de la vallée du Rhône, patrie de deux des plus grands rouges du monde, l'hermitage et le côte-rôtie. C'est également le premier cépage rouge d'Australie où elle prospère dans les vallées de Barossa et d'Eden. Elle a de nombreux adeptes en Californie, les « Rhône Rangers », et suscite l'intérêt en Afrique du Sud, bien qu'elle n'y soit qu'à ses débuts. Enfin, de petites zones en Espagne et en Italie s'y essaient, tandis qu'elle commence à briller en Amérique du Sud et en Nouvelle-Zélande.

Saveurs et arômes

Cassis, prune de Damas et autres prunes, une bouffée de fumée, une note de chocolat et parfois un éclat de violette : la vivacité de la syrah permet de l'assembler facilement à d'autres cépages tels le grenache, plus doux, ou le mourvèdre, plus fade, comme c'est le cas dans le sud de la vallée du Rhône. En Australie, on préfère l'associer au cabernet-sauvignon à goût de cassis, mais elle possède aussi son éclat propre grâce à son nez de chocolat, vanille et mélasse.

Autres cépages rouges

Barbera

Originaire du nord-ouest de l'Italie, la barbera y concurrence le sangiovese. Peu tannique mais très acide, elle donne des vins faciles à boire, vifs et fruités lorsque les rendements sont élevés. Maintenir les rendements à un bas niveau permet d'obtenir des vins riches et intenses ou des merveilles avec du chêne. La barbera est également cultivée en Argentine et en Californie.

Cabernet franc

Apparenté au cabernet-sauvignon, même si cela ne se voit guère, le cabernet franc donne des vins beaucoup plus légers à la fraîcheur herbacée. Il est assemblé au merlot dans le Bordelais et prospère dans le Val de Loire. Il est également très planté dans le nord de l'Italie, notamment dans le Frioul et le Haut-Adige, et semble prometteur dans l'État de Washington et sur la côte nord de Californie. Sans oublier l'Afrique du Sud ni l'Australie.

Dolcetto

Cépage difficile et quasi exclusivité du Piémont, le dolcetto offre une alternative peu acide à la barbera, avec ses fruits violets sentant la prune. Les vins doivent être bus de préférence dans leurs deux premières années, mais certains producteurs parviennent à les améliorer en les faisant vieillir en bouteilles.

Gamay

Base du beaujolais nouveau, le gamay donne des vins très faciles à boire. Peu tannique, il regorge d'un fruité juteux obtenu par macération carbonique – une technique adoptée massivement dans le Beaujolais (voir p. 159). Il est nettement plus intéressant dans les crus du Beaujolais (comme le morgon) et peut même vieillir un peu.

Grenache

Lui aussi gouleyant, le grenache est appelé garnacha en Espagne et occupe de vastes vignobles du sud de la France, d'Espagne et de Sardaigne, ainsi que de Californie et d'Australie. Les meilleurs ont une robe claire et un riche goût de framboise. Assemblé au tempranillo, le grenache donne l'essentiel des vins de la Rioja et forme la base des vins doux naturels de Banyuls et de Maury.

Le grenache, l'un des cépages les plus plantés au monde, donne des vins plus « faciles à boire » que véritablement grands, appréciés partout où la consommation de vin fait partie des habitudes alimentaires quotidiennes.

Surtout connu pour le vin gris léger de Californie, le zinfandel donne également des rouges secs, puissamment aromatisés et fins.

Malbec

Grand cépage d'Argentine, présent aussi dans le sud de la France, en Australie, en Californie, en Afrique du Sud et en Italie, le malbec joue un rôle mineur dans les assemblages de bordeaux et plus important dans les cahors charnus. L'Argentine obtient les meilleurs résultats avec des vins mûrs à la texture riche et au goût de prune de Damas.

Nebbiolo

Il donne les fins barolo et barbaresco du Piémont. Incroyablement tannique, il a besoin de quelques années pour s'adoucir et les vins possèdent alors une étonnante gamme d'arômes et de saveurs (le goudron et la rose notamment sont deux classiques). L'Australie multiplie les tentatives, et le cépage a connu quelques succès sur la côte centrale de Californie.

Pinotage

Croisement sud-africain entre le pinot noir et le cépage français cinsaut, le pinotage n'a pas encore connu ses meilleures années. Les pires sentent le dissolvant. Le pinotage peut néanmoins, entre les mains d'un viticulteur expérimenté, donner un vin sérieux, riche et fruité, aux arômes de prune, de groseille et de banane.

Sangiovese

Le sangiovese résume toute l'Italie. Il forme la base des chiantis et du brunello di montalcino, ainsi que d'une bonne partie des tuscans et *super-tuscans* (voir p. 111). Les vins possèdent des arômes de tabac, de peau de cerise et de prune, auxquels s'ajoutent en finale du café, du cuir ou même du thé. Assemblé à du cabernet-sauvignon ou à du merlot, le sangiovese donne de bons résultats et se plaît dans le chêne neuf. La Californie s'y essaie.

Tempranillo

Le meilleur cépage d'Espagne domine la Rioja et se retrouve dans de nombreuses autres régions d'Espagne – notamment Ribera del Duero, La Manche et Valdepeñas. Ses saveurs de fraise, de caramel et d'épices sont délicieuses lorsqu'il est jeune, mais le tempranillo vieillit également bien et se marie heureusement au chêne. Il a pris racine en Californie et dans l'Oregon, et donne de bons résultats en Argentine.

Zinfandel

Le *zin,* comme l'appellent les Californiens, qui revendiquent sa création, est en fait le cépage peu connu du sud de l'Italie : le primitivo. Les Californiens en ont fait de grandes choses – il donne des rouges puissants et souples au fruité de cerise mûre, de poivre noir, de prune et de mûre, ainsi qu'un vin gris plutôt insipide, et même un vin de dessert issu de vendanges tardives.

Styles de vins : les blancs

«Je ne connais pas grand-chose au vin, mais je sais ce que j'aime.» Nous avons tous entendu, voire prononcé ce type de phrase. En effet, entre les blancs secs gouleyants et les rouges charnus, il est difficile de s'y retrouver. Alors, suivez le guide !

Issus de chardonnay sans chêne crémeux et de sauvignon blanc fruité, les vins rafraîchissants ont assez de corps pour être bus seuls.

Francs et gouleyants : les blancs secs

Les blancs frais et très secs sont parfaits par temps chaud ou avec les fruits de mer. Ils ne sont pas très complexes – et même un peu ennuyeux – et supportent donc crème de cassis ou eau gazeuse. Ils constituent des partenaires idéaux pour toutes sortes de mets, car leurs saveurs neutres ne s'opposent pas à celles des aliments et ils favorisent la digestion en allégeant les plats gras – même la cuisine indienne leur conviendra (la bière reste néanmoins préférable) alors que les autres vins perdront toute saveur parmi les épices. Enfin, comme leurs goûts ne sont pas spécialement forts, on ne perd rien à les mettre au frais.

Les meilleurs

En France, chercher parmi les régions de l'Entre-deux-Mers et celles de bordeaux blancs simples, ou alors les vins de Loire et le muscadet. En Bourgogne, ce seront les chablis sans chêne, les mâcons blancs ordinaires et l'aligoté, en Alsace les silvaners et pinots blancs et dans le Sud, les côtes du Rhône (dont la plupart appartiennent cependant à la catégorie suivante).

En Italie, les soaves, verdicchios, pinot grigios, orvieto seccos et frascatis sont tous francs et gouleyants, ainsi que la version italienne du pinot blanc (pinot bianco), les vermentinos, malvasias, trebbianos, luganas ou même les chardonnays du Haut-Adige, sans oublier la Sicile qui produit de nombreux blancs secs francs et faciles à boire. Quant à l'Espagne, la majorité de ses blancs appartient à cette catégorie et ceux de Rueda notamment sont excellents. Enfin, le Portugal a son vinho verde.

Piquants et crémeux : les blancs demi-secs

Plus en chair, légèrement aromatisés, piquants ou crémeux, ces blancs sont aussi plus vigoureux.

Les meilleurs

Le sauvignon blanc de Nouvelle-Zélande, surtout de Marlborough, est un bon choix de piquant, de même que la plupart des sauvignons blancs – très relevés en Afrique du Sud, plus moelleux au Chili, minéraux dans le Val de Loire, voire fumés à Sancerre et à Pouilly-Fumé – et que les chenins blancs tranchants de la Loire (à laisser vieillir un peu pour que le goût de miel se développe).

Le chablis est un parfait exemple de vin crémeux, surtout les plus riches et les plus onctueux des meilleurs crus, ainsi que d'autres bourgognes blancs tel un bon mâcon-villages. Le chardonnay est en général un bon blanc demi-sec crémeux – du moins tant qu'il n'a pas été en contact avec le chêne (le chêne donne du corps, voir page suivante). Parmi les autres régions de France, on peut citer les blancs piquants du Sud-Ouest, comme le jurançon sec, et certains vins de pays du Languedoc.

La plupart des pays proposent des blancs demi-secs, même l'Angleterre – le cépage bacchus, piquant, est notamment à surveiller. Ceux d'Italie ont probablement moins de caractère, mais les blancs italiens sont conçus pour accompagner un repas – les meilleurs des régions déjà mentionnées sont plus consistants et entrent donc dans la catégorie des demi-secs. Il en va de même en Espagne où les meilleurs de Rueda sont aussi les plus forts, mais où le cépage verdejo, utilisé massivement, peut s'avérer étonnamment piquant. Voir également les vins de Somontano et du Penedès. Les cépages portugais appartiennent aussi aux blancs demi-secs, ainsi que la plupart des blancs d'Europe orientale, notamment les hongrois.

En Amérique du Nord, le pinot gris et le chardonnay de l'Oregon font partie

On peut associer les goûts puissants de la cuisine provençale à un blanc riche, par exemple un sémillon vieilli en fûts, ou les accompagner d'un rosé corsé, comme le font les autochtones.

des crémeux, de même que bon nombre de blancs canadiens. Quant à l'Australie, on pourrait penser que ses grands blancs lourds et marqués de chêne seraient exclus d'office de cette catégorie. Pourtant, les chardonnays des régions fraîches (Tasmanie et collines d'Adélaïde) sont indéniablement crémeux.

Riches et consistants : les blancs bien en chair

Ils sont appréciés des amateurs de grands vins blancs, car ils sont riches et consistants, crémeux et moelleux, avec cependant une ossature sèche, tels les chardonnays et sémillons vieillis en fûts, la marsanne et la roussanne. Le chêne joue un rôle important dans leur élaboration.

Les meilleurs

En France, on aura un grand bourgogne blanc d'un millésime acceptable – modèle pour tous les grands chardonnays somptueusement vieillis en chêne du monde entier, de la Californie à la Nouvelle-Zélande, de l'Australie au Chili et à l'Afrique du Sud.

Le Château Pichon-Longueville Baron domine le vignoble bordelais, dont le sol graveleux donne des vins aussi grands en rouge qu'en blanc.

L'Australie peut se targuer d'avoir réinventé le chardonnay avec ses saveurs franches de pêche, d'abricot et de mangue mêlées de vanille à la richesse de caramel. Même les moins chers possèdent un riche fruité de melon et de pêche sur un lit de chêne doux obtenu grâce aux copeaux de bois grillés ajoutés pendant la fermentation.

Le chardonnay prend un caractère acidulé au Chili, se ramollit en Argentine, donne des best-sellers en Californie et de bons résultats en Italie, surtout en Toscane, ainsi qu'en Espagne, à Costers del Segre.

Quant à ceux auxquels le chardonnay ne dit rien, l'Australie propose aussi toute une série de blancs bien en chair, de la marsanne de la vallée du Goulburn au sémillon de la vallée du Hunter – tous deux riches et mielleux, surtout s'ils restent en bouteilles.

On peut aussi se tourner vers les Graves, à Bordeaux, où les assemblages de sémillon et de sauvignon blanc ne manquent pas de puissance, surtout ceux de Pessac-Léognan, ou vers les grands noms du Rhône, fondés sur la marsanne et la roussanne. Sans oublier les riojas blancs à base du cépage viura, ni l'Autriche et son cépage grüner veltliner.

Parfumés et fruités : les blancs aromatiques

Les plus parfumés des vins. Sans soulever unanimement l'enthousiasme, les vins blancs aromatiques ne sont pas à rejeter et font de superbes apéritifs ou des mariages mémorables avec certains mets.

Les meilleurs

Le roi des cépages aromatiques, le gewurztraminer, rappelle autant le loukoum que les roses couvertes de rosée ou le litchi frais. Il est cultivé dans le monde entier, mais le meilleur fait la gloire de l'Alsace.

Vient ensuite le riesling, une star malheureusement un peu passée de mode (le liebfraumilch lui a porté un rude coup) qui devrait recouvrer bientôt les faveurs du public. L'Allemagne donne encore le meilleur, talonnée par l'Alsace – par ailleurs également la patrie d'une autre série de cépages étonnamment aromatiques comme le muscat, cultivé aujourd'hui dans de nombreuses régions du monde. Pour une alternative moins florale, essayer les tentatives australiennes de riesling dont les arômes de citron vert ont tendance à être moins marqués par le pétrole et plus libres.

La Hongrie produit de nombreux blancs secs aromatiques à partir de cépages comme l'irsai oliver, le furmint et le zenit.

Le viognier atteint lui aussi des hauteurs étonnantes sur l'échelle des parfums : dans son berceau de Condrieu, au nord du Rhône, il est vendangé tardivement et donne des vins riches et complexes à la longueur surprenante. La version californienne donne des fruits tout aussi aromatiques, mais moins acides.

On pourrait aussi s'intéresser au nord-ouest de l'Espagne et à l'alabriño de Galice, un blanc parfumé à la forte personnalité.

L'Argentine se taille également une réputation, avec son torrontés « indigène », épicé et musqué, tandis que la Hongrie fournit de nombreux blancs secs aromatiques à partir de cépages comme l'irsai oliver.

Styles de vins : les rouges

On peut aimer le beaujolais, mais pas le rouge bulgare. Qu'à cela ne tienne – tous les goûts sont dans la nature, et le monde appartient aux amateurs de vin.

Moelleux et juteux : les rouges légers et fruités

Faciles à boire, ces vins sont peu tanniques, très fruités et pâles. Ils incluent les gamays, certains pinots noirs, les cabernets francs de la Loire – Anjou et Touraine –, ainsi que les valpolicellas, chiarettos et bardolinos, débordant de cerise, de même que tous les rouges de régions où le vin blanc domine comme le Val de Loire, l'Allemagne (Wurtemberg), l'Autriche et la Suisse.

Les meilleurs

Le beaujolais et ses appellations, comme Moulin-à-Vent, sont de bons exemples de rouges légers et fruités. À base de gamay, ils sont si clairs qu'on pourrait les prendre pour des blancs (d'autant qu'on peut les servir très frais). Ne pas les faire vieillir plus de quelques mois, cependant, car le fruit disparaît alors totalement : les boire jeunes, seuls ou pour accompagner un repas. Les côtes du Rhône proposent également quelques rouges moelleux et juteux.

Les rouges italiens du Haut-Adige sont plutôt pâles, et on pourra leur préférer le dolcetto du Piémont. Pour les amateurs de bulles, c'est le lambrusco, un rouge léger, qu'il faut. Enfin, le vinho verde rouge du Portugal reste peu connu et les vastes plaines espagnoles de La Manche, Navarre et Valdepeñas méritent que l'on s'y arrête.

Le pinot noir de toutes origines peut être considéré comme moelleux et juteux, bien qu'il entre dans la catégorie suivante lorsque son fruité soyeux et velouté de fraise atteint des sommets. Les meilleurs pinots noirs viennent de Bourgogne, suivie par la Californie – surtout Carneros et la côte centrale, Santa Barbara et Santa Ynez –, l'Oregon et le Chili. À l'autre bout du monde, le pinot noir néo-zélandais de régions comme Martinborough et Marlborough est généralement plutôt moelleux et fruité, mais certains sont suffisamment lourds pour se hisser au niveau de la catégorie suivante.

Pleins et fruités : les rouges moyens

On les trouve dans presque toute l'Europe. À des latitudes plus méridionales, les rouges sont pour la plupart très forts et bien en chair, même si chacun des États viticoles de l'hémisphère Sud possède aussi sa région de climat frais, où la production d'un rouge moins charpenté fait partie des exploits réalisables (comme avec le pinot noir).

On peut compléter cette liste par la plupart des rouges moelleux et fruités cités plus haut – à condition de trouver le bon producteur, celui qui a su tirer le meilleur parti de son raisin, a choisi avec soin son site et surveillé de près la météo.

Les meilleurs

Les bordeaux ne sont pas à exclure de cette liste. S'en tenir simplement aux moins estimés et veiller au millésime (1990 et 1995, par exemple, ont été très bons et ont donné des fruits assez forts – voir p. 72). Certaines sous-régions, comme Margaux, donnent également des styles plus légers et moins en chair.

La plupart des merlots entrent dans cette catégorie des rouges pleins et fruités. Moelleux et facile à cultiver, le merlot encépage le monde entier, mais les grands succès californiens sont plus à leur place dans la catégorie des rouges puissants.

Page ci-contre : *Les rouges jeunes, au fruité délicat, sont parfaits pour être bus seuls ou accompagner casse-croûte ou pique-nique.*

Ci-dessous : *La solide cuisine française exige d'être accompagnée d'un verre de vin possédant une certaine vigueur et une saveur pleine et fruitée.*

La syrah et le grenache de la vallée du Rhône viennent ensuite. Les sols granitiques favorisent un nez puissant, plein et fruité, et un taux d'acidité élevé, ce qui permet d'alléger les procédés de vinification. Plus au sud, les rouges de Provence et des petites appellations voisines pourraient aussi être rangés dans cette catégorie intermédiaire, mais, là encore, les meilleurs producteurs s'efforcent d'accéder à la catégorie suivante.

L'Italie propose toute une série de vins rouges assez pleins, notamment ceux issus de barbera, nebbiolo, teroldego ou sangiovese. Les chiantis en font également partie, bien que les meilleurs, plus onéreux, appartiennent plutôt à la catégorie suivante. Dans le Trentin et le Frioul, des cépages traditionnellement charnus tel le cabernet-sauvignon ne dépassent que rarement ce registre intermédiaire. En Espagne, on trouvera les riojas jeunes, joven ou crianza. En Europe orientale, les rendements trop importants empêchent la plupart des rouges d'acquérir plus de corps.

Puissants et rouges : les rouges bien en chair

Du muscle à l'état pur : une seule gorgée est si charnue et richement parfumée qu'elle fait paraître tout autre vin bien faible. Généralement produits sous les climats chauds à partir de vignes anciennes, ces vins requièrent un vieillissement en fûts – d'où leur prix élevé. Un vigneron expert et un bon millésime peuvent développer assez de muscle dans les vins de la catégorie intermédiaire pour les rendre puissants.

Les meilleurs

Le cabernet-sauvignon, répandu dans le monde entier, vient en tête. Dans son berceau du Bordelais, il peut, assemblé à d'autres cépages, donner des rouges corsés de toutes les qualités. Les plus grands cabernets-sauvignons, fortement alcoolisés et très parfumés, viennent de la Napa Valley californienne. Le nord de la vallée du Rhône produit aussi de nombreux rouges étoffés à partir de la syrah, de même que l'Australie,

Page ci-contre : *Vendange du raisin gamay à Juliénas, dans le Beaujolais – première étape de fabrication de l'un des meilleurs vins de la région, débordant d'arômes de cerise et de pêche.*

avec son shiraz de Barossa et de McLaren Vale.

Avec un sol et un climat appropriés, bon nombre des cépages rouges peuvent donner des vins très vigoureux, notamment le riche zinfandel californien au goût de prune, le mourvèdre terreux (Bandol) et le tempranillo des premières régions espagnoles de rouges, Ribera del Duero et la Rioja (gran reservas). L'Espagne développe par ailleurs une sélection croissante de rouges charnus dans de nouvelles régions, telles Toro et El Priorat. Le Portugal a sa part des grands rouges avec les vins du Douro, obtenus à partir des cépages traditionnels du porto, de Bairrada et de Dão. En Grèce, une nouvelle génération de producteurs ambitieux élabore des rouges herbacés et savoureux.

Hors d'Europe, les rouges bien en chair sont la norme en Argentine, au Chili, en Australie, en Afrique du Sud et en Californie.

Les vins rosés

Bien que leur couleur puisse le suggérer, les rosés sont rarement doux. La Navarre en est l'une des premières régions productrices d'Espagne. Pour l'essentiel à base de garnacha (grenache), ses vins emplissent la bouche d'une saveur de fraise à l'acidité perçante : parfait pour accompagner de grandes tranches de jambon de montagne – et de nombreux autres mets.

Les rosés sont des vins sans complexité, bien qu'il soit possible d'en élaborer de plus sophistiqués : une poignée de producteurs s'y sont essayés. Néanmoins, encore trop peu de consommateurs sont prêts à débourser pour un vin avant tout facile à boire en été – excellent pour un barbecue.

Les meilleurs

La Provence est la patrie du rosé français à base de cépages comme le mourvèdre et le grenache. Dans le Bordelais aussi, quelques rosés acceptables sont connus pour leurs prix plus abordables et ont même un nom, le clairet. D'autres régions produisent des rouges si pâles qu'on les croirait rosés, comme le poulsard du Jura et le gamay du Beaujolais. Le Val de Loire offre des rosés tout à fait corrects – pas le sirupeux rosé d'Anjou, mais les sancerres, nettement plus élégants.

Hors de France et d'Espagne, on peut se tourner vers le Chili et l'Argentine. L'Afrique du Sud et l'Australie en produisent aussi d'attrayants.

Les vins rouges bien en chair, aux saveurs complexes, sont produits dans le monde entier, surtout à partir de l'universel cabernet-sauvignon.

Styles de vins : les mousseux

En apéritif, additionné de crème de cassis ou de mûre, pour porter un toast à de jeunes mariés ou célébrer un anniversaire, le champagne reste dans le monde entier synonyme de fête.

Rien ne donne plus une ambiance de fête que le vin mousseux, et nul n'égale le meilleur, le champagne millésimé. Toujours numéro un mondial, ce dernier est cependant aujourd'hui confronté à de nombreux concurrents : les producteurs de Tasmanie sont en train de réussir un joli coup, de même que leurs voisins de Nouvelle-Zélande et une poignée de pionniers des brumeuses vallées côtières de Californie. Même l'Angleterre parvient à produire des mousseux corrects (lorsque le temps le permet) !

Les meilleurs

Les grands vins mousseux sont élaborés dans des régions au climat frais, dont la plus célèbre est la Champagne. C'est la région viticole la plus septentrionale de France. Les cépages – pinot noir et chardonnay, entre autres –, qui luttent pour parvenir à maturité dans les cinq zones clés (dont le fleuron est la Montagne de Reims), sont plutôt acerbes, voire pis, jusqu'à leur transformation *via* la méthode champenoise. Mais alors, d'où vient leur gloire ? Du talent des viticulteurs qui assemblent avec brio le fruit de différents millésimes et les saveurs subtiles de levure que le vin acquiert en vieillissant dans les caves de craie.

Chaque maison de champagne possède son propre style. Pour un goût marqué, choisir un assemblage avec plus de pinot noir ou de pinot meunier – ou de raisin noir en général (blanc de noirs). Pour un champagne plus léger et crémeux, ce sera un blanc de blancs, issu à 100 % de chardonnay.

Tous les champagnes ne sont pas bons. Les moins chers (non millésimés) sont souvent désagréablement acides, et les styles plus doux (demi-sec, doux), maladroitement dosés, peuvent être véritablement écœurants. Les meilleures bouteilles sont celles qui portent un millésime : laisser vieillir le vin révèle des goûts de crème, de beurre ou de noix, mais certains sont plus riches (1990), d'autres plus légers (1992).

Pour ne pas faire de folies, on peut se tourner vers d'autres régions françaises qui produisent des pétillants acceptables pour un prix minime, notamment le Val de Loire (crémant de loire), la Bourgogne (crémant de bourgogne) et l'Alsace (crémant d'alsace). Plus au sud, on trouvera le crémant de die, le gaillac, le mousseux et la blanquette de limoux.

Si l'Allemagne et l'Autriche produisent des pétillants corrects, les *sekt,* c'est l'Italie qui sort du lot. Parmi sa profusion de mousseux, si certains sont de style champenois, la plupart sont doux et peu alcoolisés, à base de muscat, tels le moscato d'asti (catégorie supérieure d'asti spumante) ou le lambrusco rouge ou blanc, sans oublier le délicieux prosecco, une spécialité vive et rafraîchissante de Vénétie.

Pour quelque chose de plus moelleux, on s'intéressera aux cavas de Catalogne, aux abondants fruités de levure ou de pomme : une autre valeur sûre.

Presque tous les pays viticoles produisent des mousseux, car n'importe quel cépage convient. Les Australiens recourent même au shiraz, au cabernet-sauvignon et au grenache (il faut se familiariser avec le vin qui en résulte, qui n'est pas mauvais pour un barbecue). L'Australie obtient toutefois un bien meilleur succès avec ses assemblages de style champenois.

Après la Champagne, les deux meilleurs producteurs sont la Californie et la Nouvelle-Zélande. Elles suivent même leur aînée de si près que les producteurs champenois y ont investi massivement. Les résultats sont assez différents, avec un goût de pêche et de fruits d'été en Californie ou de citron vert et d'agrumes en Nouvelle-Zélande – et les meilleurs vins ont de quoi inquiéter les Champenois.

Avec la méthode cap classique, l'Afrique du Sud multiplie également les tentatives, mais les résultats sont assez irréguliers.

Tourner et tapoter régulièrement les bouteilles en les inclinant progressivement : un travail laborieux mais essentiel appelé remuage. Il est traditionnellement manuel, mais aujourd'hui souvent mécanisé.

Styles de vins : les doux

Les meilleurs vins doux sont obtenus à partir de fruit botrytisé, et non d'un ajout massif de sucre. Les fruits, laissés sur pied jusqu'à parfaite maturation, de préférence sous un climat humide, flétrissent puis pourrissent – sous l'effet de ce qu'on appelle la pourriture noble (botrytis) –, et le vin produit, hautement concentré et incroyablement intense, donne lieu aux descriptions les plus recherchées telles que succulent, moucheté d'or, fruité de pêche et d'abricot arrosé de miel et de noix…

Il existe toutes sortes de vins doux. Beaucoup sont excellents et, sans forcément provoquer de telles extases, se marient heureusement à bon nombre de mets, des moscatels de Valence délicatement parfumés à la fleur d'oranger aux vendanges tardives de riesling pétrolés de l'Oregon ou aux sirupeux beerenauslesen et trockenbeerenauslesen allemands et autrichiens.

Les meilleurs

Le haut de l'échelle des vins doux est occupé par les bordelais sauternes et barsac. Références pour les producteurs du monde entier, ces assemblages riches et succulents de sémillon et de sauvignon blanc aux saveurs intenses de pêche, d'ananas, de citron confit, de caramel et de miel et au taux d'acidité bien équilibré sont malheureusement chers.

On en trouve des alternatives moins onéreuses et moins concentrées tout près, dans des zones comme Loupiac et Monbazillac. Plus au nord, la Loire produit d'étonnants vins doux à partir de chenin blanc – essayez le vouvray. Un pas de géant en direction de l'est, et l'Alsace propose toute une série d'alléchants vins doux, des vendanges tardives aux sélections de grains nobles (raisins botrytisés), basés sur une gamme de cépages comprenant le pinot

gris, le gewurztraminer et le riesling – si doux soient-ils, leur forte acidité leur permet de s'associer admirablement à la délicieuse cuisine régionale, particulièrement le foie gras.

Beaucoup plus au sud, on arrive au pays du jurançon, élaboré à partir de cépages tels le gros manseng : l'altitude élevée des vignobles pyrénéens favorise une acidité perçante qui équilibre à la perfection le fruité d'ananas et d'abricot.

Passons à l'Allemagne. Ne surtout pas essayer de prononcer (ni de boire) ses vins doux trop rapidement : les trockenbeerenauslesen à la douceur intense sont les plus chers ; les beerenauslesen, presque aussi concentrés ; les auslesen, un peu moins. Les meilleurs sont à base de riesling, dont le raisin est laissé sur pied jusqu'au tout dernier moment. Une méthode que l'on retrouve en Autriche, où les vins sont cependant plus gras. Le plus doux est le « vin de glace » élaboré dans les deux pays (et au Canada) à partir de raisin gelé : les vendanges se font dans des conditions difficiles, le jus est très peu abondant, et le vin, cher mais délicieux.

Ailleurs en Europe, la région hongroise de Tokay fournit d'étonnants vins doux au fruité piquant et fumé proche du xérès. Là encore, le botrytis est l'élément clé – mais la tradition hongroise se distingue des autres : on fabrique un aszú (pâte sucrée) avec les fruits botrytisés, qu'on laisse fermenter avec les vins secs jusqu'à différents degrés de douceur, le nombre de *puttonyos* (cuves) d'aszú ajoutés (de trois à six) indiquant la douceur finale.

L'Italie possède une longue tradition de vins doux à partir de raisin séché : le recioto della valpolicella est un rouge débordant d'un fruité de prune et de cerise ; le vin santo toscan est issu de raisins séchés dans les greniers.

L'Australie et la Nouvelle-Zélande, enfin, s'essaient au raisin botrytisé, mais la pourriture noble ne se développe guère sous leurs climats chauds et secs, de sorte que la douceur est généralement artificielle et que le vin ne vieillit pas très bien.

Les vins de dessert sentent rarement le raisin mais plus souvent l'abricot, la pêche ou l'ananas, avec une note de miel et parfois des nuances fumées.

Page ci-contre : *Les vins doux vont de l'agréable, délicatement parfumé et bon marché au succulent, complexe, intense... et plutôt cher. Ils peuvent aussi bien se boire seuls qu'accompagner un repas.*

Styles de vins : les mutés

Le xérès, le porto et le madère sont les trois vins mutés les plus classiques, mais il en existe des douzaines d'autres.

Les vins mutés comprennent le xérès, le porto, le madère, le marsala, les muscats de Rutherglen ou de Samos, les rouges et blancs de Banyuls et de Rivesaltes, le mavrodaphne de Patras – bref, tout un festival de saveurs allant du salé au goût de levain (xérès manzanilla) ou à l'harmonieux pudding des muscats de Rutherglen. Certains s'associent même au chocolat. Beaucoup accompagnent remarquablement le fromage.

Espagne et Portugal

Fino et manzanilla : ces deux styles de xérès sont les vins mutés les plus secs du monde. De couleur très pâle et de fruit maigre, ils possèdent une saveur salée, minérale et de levure qui se marie admirablement à certains mets. Très fins, ils plaisent aux Espagnols pour l'apéritif.

Le fino vieux, appelé amontillado, fait également un excellent apéritif, de même que les autres styles de xérès plus secs, tels le palo cortado et l'oloroso au goût de noix et à l'acidité élevée – qui donne du cream sherry si l'on y ajoute du sucre, quitte à étouffer les délicates saveurs fruitées. Ne le confondez pas avec l'oloroso dulce, un xérès délicieux et rare, au fruit merveilleusement concentré. Enfin, le plus intense de tous est le PX – pedro ximénez –, élaboré avec des raisins séchés au soleil, aussi noir que de la réglisse et sentant le raisin sec.

Parmi les autres grands vins mutés figure le porto. Plusieurs pays ont tenté de copier ce vin portugais, mais sans s'en approcher. Les cépages (touriga nacional, tinta barroca et tinta roriz) sont cultivés sur des terrasses escarpées au bord du Douro, dans le nord du pays. Les styles vont du ruby, basique, et du porto blanc, assez grossier, au tawny vieilli en fûts et au single quinta, puis aux millésimes d'au moins vingt ans d'âge.

Le madère suscite lui aussi beaucoup d'intérêt. L'île subtropicale éponyme produit en effet le vin le plus oxydé du monde, chauffé dans d'immenses cuves. Les principaux cépages sont le malmsey, le boal, le verdelho et le sercial. Le vin vieillit ensuite naturellement sous la chaleur subtropicale, et le résultat va du sercial sec au goût de noix au malmsey aussi fruité qu'un cake.

France et Italie

La France produit quelques vins mutés, du mielleux pineau des charentes aux rouges et blancs de Banyuls et de Rivesaltes – dont le premier est l'un des rares vins à s'associer au chocolat, de sorte que bon nombre de chefs français ont créé de savoureux desserts pour l'accompagner. Son voisin, le maury, un vin doux naturel du Roussillon, rappelle le porto, mais, comme le banyuls, il est issu essentiellement de grenache noir.

L'Italie, elle, a le marsala, autant apprécié pour la cuisine que comme boisson à déguster en dehors des repas. Si les marsalas de qualité inférieure ont tendance à être trop sucrés, les meilleurs des marsalas secs sont veloutés, avec des arômes de noix et de beurre.

Autres pays

L'Australie et l'Afrique du Sud sont les deux seuls pays de l'hémisphère Sud à s'être lancés dans le vin muté. Toutes deux produisent des vins de style porto corrects, et même une sorte de xérès (dont les ventes ont chuté récemment). La région australienne de Rutherglen connaît un succès particulier avec ses liqueurs muscats. Leurs saveurs de caramel nappé de chocolat en font des partenaires d'exception pour les fromages bleus.

Les millésimes du madère ne sont déclarés que lorsque le vin a au moins vingt ans d'âge. Malgré cela, il est conseillé de le laisser encore vieillir plusieurs années.

servir et apprécier

Pour un pique-nique, un barbecue, un grand dîner, une soirée télé entre copines, un repas indien à emporter le vendredi soir à la maison de campagne, un pot au bureau, une nouvelle petite amie à impressionner, la visite d'amis végétariens… il existe un vin pour chaque occasion. Il existe aussi des règles pour marier le vin et les mets. Ou plutôt, pas de règles : vin rouge et poisson, pourquoi pas ? Vin et chocolat, on les associe dans certaines régions. Certains mets paraîtront toujours difficiles à assortir. Ils nécessitent juste un peu plus de réflexion. Il en va de même pour les températures de service – trop chaud, le vin aura un goût poisseux de confiture ; trop froid, on passera à côté de tout le fruit –, une mise en garde qui vaut aussi au restaurant, où il est essentiel de bien se faire comprendre du garçon.

Un vin pour chaque occasion

Outre une ouverture sur un monde nouveau, choisir le vin qui convient pour chaque occasion peut faire la différence entre un bon et un excellent moment.

Noël est le jour par excellence pour faire des folies avec une sélection de vins élaborée avec le même soin que le menu.

Noël

C'est le jour où tous les caprices sont pardonnés. Néanmoins, tâchez d'en alléger le poids : le saumon fumé figure souvent au menu et le bacchus anglais constitue un bon mariage plutôt inhabituel – son fruité de sureau et de citron vert accompagne parfaitement l'incontournable sauce à l'aneth ; pour la volaille, essayez un viognier au goût de pêche du pays d'Oc ou un gamay pinot noir de Bourgogne ; enfin, avec la bûche, tous les vins blancs sucrés ou demi-secs feront l'affaire, ainsi que, bien sûr, le champagne.

Saint-Sylvestre

Des bulles, des bulles, toujours des bulles. Commencez avec le meilleur : un champagne d'une bonne maison et d'un grand millésime – ne le gardez pas pour la fin, car, à minuit, nombreux sont ceux qui auront déjà trop bu pour l'apprécier. Un véritable hédoniste s'en tiendra toute la nuit à ce régime avec un blanc de noir pour les plats de viande et un demi-sec au dessert. On peut aussi tenter l'un des grands mousseux du Nouveau Monde – Tasmanie, Nouvelle-Zélande ou Californie.

Repas de fête en hiver

Ou pour toute soirée froide : de grands rouges charnus, terreux et truffés

accompagnant de consistants ragoûts charnus et truffés : bandols et bairradas, amarones, cabernets d'Europe orientale et syrahs du Nouveau Monde. Avec un tajine, autre grand favori en hiver, essayez quelque chose de local – un rouge aromatique et regorgeant d'épices du Maroc ou du Liban, un primitivo au goût de pruneau du sud de l'Italie ou tout autre cépage rare du Mezzogiorno, également épicé.
Pour l'apéritif, on pourra se tourner vers les styles les plus riches de xérès, comme un oloroso au goût de noix, mais sec.

À l'extérieur : pique-nique

Tout dépend du temps : évitez les chardonnays trop marqués de chêne et les shiraz poisseux s'il fait chaud, mais optez pour un vin universel qui accompagnera aussi bien la viande que les fraises, comme un rosé de Navarre, ou n'importe quel rosé. S'il fait plus lourd, quelque chose de très frais et de plutôt neutre, l'essentiel étant d'apaiser sa soif : pinot grigio ou vinho verde portugais, par exemple.

Servez un ou deux verres pendant que la viande et le poisson grillent.

Le dolcetto accompagne très bien les légumes rôtis.

À l'extérieur : barbecue

Tout dépend du talent du préposé aux grillades : s'il pose la viande ou le poisson sur le gril alors que les flammes sont encore vives, ils seront entièrement grillés, et le vin se perdra dans leur amertume. En revanche, la braise donnera aux aliments un goût de feu de bois suave, huileux et succulent : pour le bœuf, choisissez un shiraz ; pour l'agneau, un zinfandel très foncé ou un ribera del duero corsé ; pour l'espadon, un chardonnay chilien aux notes de vanille et, pour les légumes rôtis, un dolcetto.

Nuit d'été

En été, la vie est belle : choisissez un torrontés argentin floral et parfumé ou un aligoté de style bourguignon, moins onéreux, ou encore un riesling australien – tous fleurant le citron vert et le pamplemousse fraîchement pressés. Rueda, en Espagne, donne également des blancs citronnés très frais, ainsi que Ribeiro. Ou un muscadet, sur lie de préférence. Enfin, tentez l'albariño, le grand blanc du verdoyant coin nord-ouest de l'Espagne. Et, pour le rouge, pensez à un beaujolais légèrement rafraîchi (un cru de préférence).

Jusqu'aux noces de diamant

La première année, servez du champagne millésimé – l'optimisme est encore de mise. De la deuxième à la neuvième année, il y a encore de bonnes raisons de se réjouir, donc encore du vin à bulles, mais un non-millésimé commun suffira. La dixième année, débouchez un non-millésimé d'un bon producteur – les statistiques sont vaincues. La vingtième année et les suivantes, le pire est passé, donc quelque chose de plus moelleux – vieux bourgogne, rioja ou riesling d'Alsace. Pour les noces d'or et de diamant, soit un demi-siècle et plus – toutes nos félicitations ! – revenez au millésimé.

Anniversaires

Renseignez-vous sur le vin préféré de la personne fêtée et cherchez un bon producteur. Le *nec plus ultra* : une bouteille de son année de naissance – si les vieux bordeaux ou bourgognes sont hors de portée, tournez-vous vers un porto vintage du Portugal.

Pour les dix-huit à vingt et un ans, le bon vin n'ayant pas forcément la préférence des jeunes palais, et sans passer pour autant à la bière, de nombreux vins du Nouveau Monde à doninante fruitée, faciles à boire, feront l'affaire, du merlot au chardonnay.

Mariage

Le champagne reste incontournable. À partir d'une centaine d'invités, l'option la plus économique sera un bon non-millésimé du supermarché. Ne vous attachez pas trop au nom : de nombreux mousseux du monde entier feront l'affaire, notamment le pétillant piquant au goût de levure de Marlborough, en Nouvelle-Zélande, celui au goût de pomme et de noix de Tasmanie ou le mousseux élégant et savoureux de Sonoma. Les moins chers comprennent le moscato d'asti et le prosecco italiens ou les crémants français. Enfin, pourquoi ne pas servir un fino ou manzanilla espagnols, ou même penser rosé ?

AVANT LE REPAS

Le xérès, peu connu, a malheureusement fait l'objet d'un rejet général ces dernières années. La responsabilité en revient pour l'essentiel au cream sherry : ce style édulcoré très apprécié des vieilles dames n'est pas bu dans son pays – où on le préfère sec, comme il se doit. Les finos, manzanillas, amontillados et olorosos secs sont exceptionnels en apéritif. On peut aussi faire un kir – la crème de cassis peut transformer un blanc neutre en un véritable plaisir. Enfin, le champagne stimule les sucs gastriques comme aucun autre vin, à part les styles plus légers d'Alsace.

APRÈS LE REPAS

Deux mots seulement : vins doux. Ils sont incontestablement meilleurs seuls ou avec un aliment salé comme le fromage qu'avec la plupart des gâteaux. Beaucoup sont délicieux après un repas, et les plus acides (d'Allemagne, d'Autriche, de la Loire ou de Jurançon) peuvent même être rafraîchis. C'est également après le repas qu'il convient de servir les vins mutés les plus doux : porto, xérès, madère, liqueur muscat australien, banyuls et muscats doux du sud de la France, tel le délicieux frontignan servi très frais.

Invitation à dîner

Si le vin doit être bu le soir même, on peut jouer les invités modèles et téléphoner pour demander le menu – sans oublier que le monde appartient aux amateurs de vin et qu'il est toujours possible d'essayer quelque chose qui sort de l'ordinaire, comme un grand barolo du Piémont, un vin fin et épicé du nord de la vallée du Rhône, un merlot chilien au goût de prune ou un pinot noir soyeux de Californie. Une demi-bouteille d'un vin doux sera également bien accueillie : de bons sauternes, monbazillac ou riesling vendanges tardives.

Souper intime

Un mousseux pour commencer (millésimé bien sûr), suivi d'un bourgogne fait, puis d'un verre de vin de glace pour remplacer le gâteau – une sélection très imaginative. L'option plus raisonnable et plus économique consiste à partager une demi-bouteille de manzanilla (aujourd'hui facilement disponible) en grignotant des amandes salées et des olives marinées, puis un bon chablis avec un homard grillé et enfin une eau-de-vie pour se réchauffer – espagnole pour quelque chose de velouté et de facile, cognac ou armagnac pour plus de mordant.

Page ci-contre : *Chacun veut ce qu'il y a de mieux pour son mariage, mais mieux vaut un bon vin mousseux qu'un champagne sans caractère.*

Végétarien ou végétalien

Pas d'inquiétude, de nombreux vins font l'affaire. En fait, le vin n'est végétarien que depuis peu – depuis qu'un nombre croissant de producteurs ont renoncé aux produits animaux traditionnellement ajoutés lors du collage (processus consistant à retirer les particules solides du vin fini) tels que blanc d'œuf, caséine (protéine du lait), ichtyocolle (vessie de poisson), sang de bœuf ou

Les végétariens ne sont pas oubliés, puisqu'un nombre croissant de vins sont élaborés sans produits animaux.

gélatine, pour le plus grand bonheur des végétariens.

Pour donner un peu plus de vie à un sauté à la chinoise, plutôt que le thé au jasmin, essayez un vin allemand aromatique.

Plats préparés

Frites et fritures : le champagne, si incroyable que cela paraisse, est un partenaire idéal. Son acidité allège la graisse, et la pâte à frire n'en étouffe pas les saveurs de levure et de noix. À défaut, un pinot blanc franc et sec d'Alsace ou un blanc neutre mais rafraîchissant d'Italie.

Pizza : le chianti s'impose, ou un bon italien de Californie. Un chardonnay demi-sec sans trop de chêne peut également faire l'affaire.

Chinois : forcément un alsace (gewurztraminer de préférence) ou un riesling allemand. En rouge, allez-y léger, un beaujolais peut-être.

Indien : la bière est idéale, mais, pour ceux qui tiennent au vin, le prendre aromatique comme un muscat, un jurançon vif à base de gros manseng ou une marsanne pour un peu plus de corps.

Tout seul à la maison

Qui a dit qu'il est triste de boire seul ? Avec modération, quand un bon film passe à la télévision, quoi de plus agréable ? Il n'est pas nécessaire de boire toute la bouteille – à quoi serviraient sinon les systèmes de conservation comme les pompes vides d'air Vacuvin et Wine Saver ? Mais on n'a guère trouvé mieux jusqu'à présent que se pelotonner au coin du feu avec un merlot du Nouveau Monde moelleux, fruité et juteux, ou un verdelho d'Australie mûr et piquant devant une pile de légumes rôtis, ou encore des spaghettis carbonara et une bouteille d'orvieto.

Un verre de vin ajoutera une note sentimentale à un banal repas à emporter.

Soirée entre copains

Pas besoin de proposer quelque chose de trop sérieux, les sujets de discussion plus importants ne manquent pas, mais, pour impressionner quand même, démarrez avec une jeune marsanne ou un chenin blanc d'Afrique du Sud au goût de citron vert – un sauvignon-sémillon fera aussi un bon effet, bu seul. Ensuite, accompagnez les spaghettis bolognaise d'un dolcetto ou d'un zinfandel au poivre noir et à la prune.

Un pot au bureau

Commencez avec un mousseux pour briser la glace. En hiver, un brut, franc, sec et pas trop acide – le cava est une valeur sûre mais évitez les moins chers, souvent trop forts en finale. À part le mousseux, le vin idéal sera sec, mais libre, sans trop de chêne ni trop d'acidité : un riesling australien ou un grüner veltliner autrichien, fruité. Pour les rouges, restez léger, un bardolino de Vénétie ou n'importe lequel des grandes plaines espagnoles.

Chacun apporte sa bouteille

Autrement dit, il faut un vin qui puisse être bu toute la nuit : ni trop acide, ni trop boisé, ni trop alcoolisé. Encore une fois, c'est l'Alsace qui l'emporte, et le choix est vaste. Sinon, choisissez un sauvignon blanc (de Bordeaux), moins parfumé, ou un chardonnay – sans chêne – du Languedoc ou de l'hémisphère Sud, ou encore un pinot grigio. Pour ne pas courir le risque de voir un tapis fichu mais offrir quand même du rouge, optez pour un style plus léger comme un moulin-à-vent (beaujolais) légèrement rafraîchi.

Pour une soirée entre filles, mettez au frais une ou deux bouteilles de vin parfumé et fruité, envoyez valser vos chaussures et riez un bon coup.

Le vin et les mets : règles de base

Vin rouge et saumon grillé, un mariage réussi : remplacez le vin blanc habituel par un pinot noir.

Les vieilles règles – blanc avec le poisson, rouge avec la viande – sont dépassées aujourd'hui où l'alimentation comme les vins ont changé. On ne peut pas pour autant boire n'importe quoi avec n'importe quoi, un mauvais mariage peut encore gâcher un repas – avec un plat sucré, un vin sec semblera maigre et acide, tandis qu'un rouge puissant et tannique avec un poisson délicatement étuvé ne donnera rien de bon – et il n'y a vraiment aucune raison de faire la folie d'acheter à n'importe quel prix un bourgogne fait si c'est pour le boire avec un plat fort et épicé.

La première règle consiste à équilibrer la force du plat avec celle du vin – on ne gagne rien, par exemple, à servir un grenache léger avec un riche plat de gibier en ragoût ; en revanche, un bandol rouge conviendra. Plus le plat est lourd, plus le vin devra être robuste pour lui tenir tête.

Si le repas doit comporter plusieurs vins, servir les plus légers avant les plus charnus, et les plus secs avant les plus doux. Tenir compte de la sauce qui accompagne le plat et de sa cuisson : étuver le poisson donne des saveurs bien plus délicates que celles, douces et caramélisées, obtenues au feu de bois. Les paragraphes qui suivent présentent d'autres points à prendre en compte avant de choisir bouteille et plat.

Acidité

Un vin acide allégera merveilleusement un plat gras, le faisant paraître moins riche. Il en rehaussera également la saveur, comme le feraient quelques gouttes de citron – par ailleurs, si le plat comporte une grande quantité de citron, de vinaigre ou d'agrumes, le vin devra présenter une acidité égale pour ne pas sembler fade. Le choix semble alors limité aux vins blancs mais il existe aussi quelques rouges acides ou peu tanniques – les tanins jurent avec les aliments acides – comme le pinot noir ou le beaujolais. Certains rosés feront aussi l'affaire.

La viande convient aux rouges tanniques et épais, car elle adoucit merveilleusement leus tanins.

Douceur

La règle générale veut que le vin soit au moins aussi sucré que le plat, voire davantage, pour ne pas avoir un goût acerbe et maigre. Il est autrement plus difficile d'assembler un vin doux à du salé : s'il existe des mariages célèbres comme le sauternes et le foie gras ou bien le stilton et le porto, d'autres moins connus sont tout aussi fameux, par exemple les coquilles Saint-Jacques en sauce à la crème associées au spätlese allemand.

Tanins

Un seul vrai partenaire pour les vins tanniques et épais – la viande. Elle chasse à merveille les tanins. Ainsi, plusieurs bons italiens corsés (nebbiolo ou brunello) ne donnent rien sans viande, mais le fromage se heurte horriblement aux tanins, de même que les œufs. Quant au poisson avec un rouge tannique, tout… mais pas ça!

Le muscadet est excellent avec les fruits de mer.

MARIAGES PARFAITS

Il existe une multitude de grands mariages de vins et de mets. Quelques exemples parmi les meilleurs :

Olives et manzanilla
Homard grillé et chablis premier cru
Plateau de fruits de mer et muscadet sur lie
Agneau rôti et ribera del duero
Tarte Tatin et liqueur muscat australien
Fromage de chèvre et sancerre
Stilton et porto vintage
Desserts au chocolat noir et maury
Curry de poisson et champagne blanc de blancs
Choucroute et riesling d'Alsace
Queue de bœuf braisée et zinfandel
Cèpes truffés et bandol rouge
Pizza à la saucisse piquante et dolcetto
Gibier en ragoût et shiraz de Barossa
Soupe de palourdes et spätlese allemand
Jambon ibérique (« pata negra ») et rosé de Navarre
Foie gras et sauternes
Tourte au pigeon et pinot noir
Parmesan et oloroso doux
Pied de porc farci *(zampone)* et lambrusco rouge

Le partenaire idéal

Amuse-gueule

Avec olives, amandes salées et bouchées au fromage, le partenaire idéal sera un manzanilla ou un fino. Ces xérès ultra-secs et piquants connaissent un succès fou dans leur patrie d'origine – les essayer est la garantie d'une agréable surprise. Sinon, il faut savoir qu'un peu d'acidité est nécessaire pour préparer les sucs gastriques au repas. Le champagne la fournit en grand style, ainsi que les mousseux de Californie ou de Nouvelle-Zélande.

Poisson

« Le poisson nécessite un vin blanc ! » Faux. Et trop général. Quel type de blanc ? Quel poisson ? S'agit-il de poisson grillé, cuit à la vapeur, poché ou frit ? Est-il accompagné ou non d'une sauce ? Du saumon sauvage grillé au feu de bois sera bien meilleur avec un blanc boisé qu'avec un orvieto neutre. Appliquez la règle de l'équilibre des forces : la force du plat et celle du vin. Ainsi, de simples fruits de mer frais nécessitent un vin franc et piquant – pourquoi pas un xérès manzanilla salé ? Et le vin rouge ? Le thon sauté est savoureux avec le pinot noir de l'Oregon, et même le saumon et le merlot vont bien ensemble.

Viande

Comme le poisson, tout dépend de la cuisson. Un gigot d'agneau simplement rôti au romarin permet toutes les possibilités : rioja, ribera del duero, bordeaux, bourgogne – tous les rouges un peu forts. En revanche, si la viande est couverte d'épices marocaines et fourrée dans un tajine, la réflexion s'impose. À cause du piment et de l'abondance d'arômes, il vaut mieux y aller doucement avec les tanins et franchement avec le fruit : un grenache du sud de la

France, un zinfandel de la côte centrale californienne ou, pour plus d'audace, les saveurs terreuses et originales du pinot noir, du bandol ou du nebbiolo.

Légumes

Les légumes ont besoin de blancs piquants tels le riesling australien ou le sauvignon blanc néo-zélandais, mais, encore une fois, pensez à la cuisson. Avec des légumes rôtis, optez pour un vin aromatique aux saveurs intenses avec une bonne acidité – un riesling d'Alsace, un pinot gris de l'Oregon ou un jeune verdelho d'Australie.
Les légumes servis en accompagnement céderont la première place aux protéines. Enfin, avec un grand plat de salade gaiement assaisonnée, un vin gai et piquant s'impose – un vif muscadet sur lie, un soave ou un pinot grigio.

Desserts

Deux points importants. D'abord, le vin doit être au moins aussi sucré – sinon plus – que le plat qu'il accompagne, parce que sa saveur se perdra dans la douceur du dessert. Ensuite, ne pas chercher un vin pour un dessert glacé, la glace et le vin ne se mélangent pas – à une savoureuse exception près, un filet de PX (xérès pedro ximénez) sur la glace à la vanille. On peut aussi tenter d'assortir le goût du dessert à un style de vin, par exemple une tarte aux amandes avec un passito di pantelleria du sud de l'Italie, au goût d'abricot et de noix grillées.

Les vins doux avec une note de miel sont de bons partenaires pour les desserts aux abricots, aux prunes ou aux pêches.

Fromage

S'il est un mythe auquel tordre le cou, c'est bien l'affirmation que le vin rouge et le fromage vont bien ensemble. Le vin blanc est dans la plupart des cas un bien meilleur partenaire, d'autant plus doux que le fromage est fort – comme par exemple le stilton et un xérès doux, ou le roquefort et le sauternes, deux alliances parfaites.
Le liqueur muscat australien est excellent avec les formages bleus, tandis que le fromage de chèvre, totalement perdu avec un rouge tannique, s'accorde bien mieux à un sauvignon blanc de la Loire.
Les camemberts bien faits ont besoin d'un vin un peu vigoureux – éventuellement avec un soupçon de chêne.

Page ci-contre : *Avec un poisson simplement grillé, essayez un blanc franc et piquant.*

À droite : *Les salades ont besoin d'un vin vif et coulant. Veillez cependant à ce qu'il aille avec l'assaisonnement.*

Mariages difficiles

Si certains mets sont difficiles à associer à un vin, ils ont néanmoins leur partenaire.

Les tomates sont très acides. Choisissez par conséquent un vin rouge peu acide comme le dolcetto, qui possède de plus une note épicée.

Vinaigre

Un partenaire impossible pour beaucoup de vins. Employez un vinaigre doux, comme le vinaigre de xérès ou balsamique, ou ajoutez un doigt de vin. Veillez également à bien rincer les câpres et évitez de boire du vin avec du chutney (condiment vinaigré).

Aliments fumés

Tout dépend du degré de fumage. Avec des kippers (hareng fumé), évitez le vin – servez à la place un whisky malt d'Isley. Le maquereau fumé donne un goût métallique à tous les vins. Le saumon fumé est plus indulgent et acceptera un vieux grüner veltliner autrichien, un chardonnay du Nouveau Monde, sans trop de chêne, et les variétés alsaciennes plus aromatiques. Le champagne, surtout le brut avec beaucoup de chardonnay, allège les poissons huileux. Les viandes fumées sont plus faciles à associer ; veillez simplement à équilibrer leurs fortes saveurs avec un vin corsé.

Yaourt

Le mariage yaourt-vin est voué à l'échec… sauf en Grèce, où les vins résinés (retsina) exaltent des mets comme le tzatziki – c'est la seule union heureuse.

Œufs

Seuls, les œufs sont plutôt difficiles à associer à un vin. Mais avec une bonne sauce, plusieurs règles s'appliquent : l'essentiel est d'associer le vin à la sauce. Les blancs sont souvent meilleurs que les rouges, un chardonnay sans trop de chêne s'accommodera bien d'une sauce à base d'œufs comme la hollandaise ou d'une quiche, à cause de la pâte.

Chocolat

Contrairement à une opinion répandue, le chocolat a ses partenaires. S'il est noir et amer à forte concentration de cacao, choisissez un maury ; le porto tawny est fabuleux avec les riches desserts chocolatés, ainsi que, plus osé, le liqueur muscat australien.

Piment

Les tanins et le piment ne font pas bon ménage. Pour un rouge, prendre un cépage moelleux et léger comme le gamay ou les pinots noirs du Nouveau Monde. Le merlot américain est excellent avec la cuisine mexicaine. Pour un blanc, restez frais et neutre, car toute finesse sera perdue.

Gingembre

Le gingembre ne va pas aussi mal avec le vin qu'on pourrait le penser, mais il a besoin de quelque chose d'aromatique pour lui tenir tête : torrontés argentin ou riesling et gewurztraminer d'Alsace ou d'ailleurs. Sans oublier la famille des muscats et le viognier, qui mérite l'attention.

Agrumes

Le vin doit être adapté à l'acidité du plat, qu'il soit salé ou sucré. Avec le pamplemousse, essayez un jurançon, et pour le citron, un verdelho australien ou un riesling de la vallée de Clare. Pour les desserts au citron, un riesling vendanges tardives ; pour ceux à l'orange, un sétúbal (portugais) au goût de confiture. Enfin, pour le canard à l'orange, restez en Allemagne.

Tomates

Les tomates ont une acidité très élevée. Avec une sauce tomate sur des spaghettis, un dolcetto (Italie du Nord) fera l'affaire ; pour des tomates fraîches, plutôt un sauvignon blanc ou un pinot grigio.

Artichauts

Incompatibilité totale avec le vin. Néanmoins, la région portugaise de Dão fournit des blancs possibles. Le sauvignon blanc de Nouvelle-Zélande peut aussi s'en accommoder.

Un vin à la saveur intense, comme le sémillon d'Australie, sera de taille pour une sauce à l'orange.

DES INGRÉDIENTS DIFFICILES À ASSORTIR

Vinaigre	Riesling kabinett allemand.
Aliments fumés	Pour le saumon, grüner veltliner autrichien, riesling allemand ou alsacien ou champagne blanc de blancs ; pour la viande, pinot noir, nebbiolo ou zinfandel.
Yaourt	Retsina, blancs secs italiens, rosé.
Œufs	Bourgogne blanc bas de gamme, pinot blanc d'Alsace, pinot grigio.
Chocolat	Pour les desserts chocolatés légers, muscats bas de gamme ou recioto ; pour les desserts plus riches, maury, porto tawny ou liqueur muscat australien.
Piment	Sauvignon blanc du Nouveau Monde, beaujolais, pinots noirs et merlots du Nouveau Monde, shiraz.
Gingembre	Torrontés, riesling, gewurztraminer d'Alsace, muscats secs, viognier, sauvignon blanc.
Agrumes	Pour le pamplemousse, gros manseng ; pour les plats au citron salés, sauvignon blanc ; pour les plats au citron sucrés, riesling vendanges tardives ; pour les plats à l'orange salés, sémillon australien ou riesling allemand ; pour les plats à l'orange sucrés, sétúbal.
Tomates	Pour la sauce, dolcetto ou sangiovese ; pour les salades, sauvignon blanc ou pinot grigio.
Truffes	Bandol rouge, vieux bourgogne, rioja, rouges du Douro.
Artichauts	Blancs de Dão, sauvignon blanc de Nouvelle-Zélande, verdicchio.
Asperges	Sauvignon blanc, chardonnay sans chêne, pinot blanc.

La cuisine au vin

Comme avec tout autre ingrédient, plus le vin utilisé est bon, meilleur – comme il se doit – sera le plat.

Peut-on utiliser une bouteille entamée pour un ragoût ? Et un vin bouchonné ? Un blanc acide pour un osso buco ? Peut-on s'enivrer avec des moules marinières ? À toutes ces questions, une seule réponse : « NON. »

Un ragoût au vin oxydé semblera avoir été cuit dans le vinaigre. S'il reste du vin après le repas, congelez-le en sachet pour l'ajouter plus tard à des sauces ou à des marinades.

Ajouter du vin bouchonné à une sauce en fera ressortir le goût de moisi. En effet, s'il n'est pas nécessaire de prendre la meilleure bouteille pour un agneau braisé quatre heures au four (le vin se mêle alors irrémédiablement au jus de viande), ne prenez pas non plus la moins bonne, car les caractéristiques essentielles d'un vin se retrouvent *in fine*.

En général, un vin bon à boire sera bon pour cuisiner. Les rouges donnent davantage de profondeur que les blancs, mais plus le vin est acide, plus la sauce le sera. Aussi, évitez de choisir un blanc trop acerbe et coupez-le avec la même quantité d'eau.

L'utilisation du vin dans la cuisine est une habitude dans de nombreux pays – il ajoute profondeur et dimension comme aucun autre ingrédient et peut se velouter jusqu'à une richesse incroyable lorsqu'il mijote dans une sauce, un braisé ou un ragoût, d'autant plus qu'il devient progressivement moins alcoolisé une fois que l'alcool a commencé à chauffer (et il bout plus rapidement que l'eau). Un peu de vin transformera le plus bas morceau de viande ou requinquera un poisson flapi, et on peut y recourir pour toutes les préparations.

Bouillons

Le vin est souvent utilisé à la place ou avec de l'eau comme base de soupes et de sauces. Il figure dans de nombreuses recettes de risotto et, si le rouge est ajouté au bouillon de gibier, le blanc l'est à ceux de poulet et de poisson.

Marinades

Il est en Grèce un riche plat hivernal où la viande (bœuf, porc, lapin ou lièvre) marine toute la nuit dans le vin rouge puis cuit au four pendant cinq heures. Voici un bon exemple des possibilités offertes par un peu d'organisation, une bouteille de rouge et un morceau de viande. On peut faire mariner la viande dans le vin rouge ou blanc, puis utiliser la marinade pour déglacer ou comme base de sauce. Pour les marinades rapides, essayez du madère ou du xérès.

Déglaçage

Ajoutez un peu de vin à la poêle ou au plat à rôtir après en avoir retiré la viande pour en détacher les petits morceaux collés au fond. Faites réduire, passez et voilà une délicieuse sauce.

Court-bouillon

Un court-bouillon est un bouillon auquel on a ajouté un peu de vin utilisé surtout pour pocher du poisson et des crustacés, mais aussi pour les abats et les viandes blanches. Il fait merveille pour un saumon entier. On peut prendre du vin rouge ou blanc, mais mieux vaut s'en tenir au blanc pour les crustacés.

Sauces

De nombreuses sauces classiques, surtout françaises, intègrent du vin. Le chateaubriand est souvent proposé avec une sauce béarnaise, composée de vin blanc et d'échalotes, complétée par du beurre, de l'estragon haché, du jus de citron et du poivre de Cayenne ; la bercy est une sauce au fumet de poisson, échalotes, beurre et persil ; la périgueux, une sauce au madère et aux truffes.

Ragoûts

Le coq au vin est un exemple classique, mais il en existe beaucoup d'autres – l'association de la viande (ou du poisson) et de la cuisson lente avec une bouteille de vin donne toujours un résultat riche et savoureux. Chaque pays viticole possède ses propres recettes de ragoûts à base de vin, toutes à arroser de préférence avec le même vin que celui du ragoût.

Desserts

Les méthodes les plus simples donnent des résultats spectaculaires, comme les poires pochées au vin rouge ou les fraises macérées. Les recettes de desserts au vin sont nombreuses : du marsala pour le classique sabayon italien au diplomate *(trifle)* britannique imbibé de xérès.

En Italie comme dans de nombreux pays vinicoles, la cuisine au vin est une tradition ancestrale.

Recettes au vin classiques

Aux trois recettes classiques ci-dessous, il faut ajouter le risotto aux palourdes *(risotto con vongole)*, la daube de bœuf, le coq au vin, le bœuf mariné *(sauerbraten)*, le poulpe au vin rouge, le ragoût braisé aux oignons *(stifado)*, le diplomate et le sabayon.

MOULES MARINIÈRES (pour huit personnes)

INGRÉDIENTS

4 litres de moules
100 ml de vin blanc
1 oignon coupé
4 échalotes coupées
Poivre noir fraîchement moulu
150 g de beurre
1 cuill. à soupe de persil haché

PRÉPARATION

1 Nettoyez les moules en brossant les coquilles et en retirant toutes les barbes. Jetez celles dont la coquille est cassée ou qui restent ouvertes lorsqu'on les tapote.

2 Mettez les moules dans une grande casserole avec le vin, l'oignon, les échalotes, le poivre et le beurre, et faites sauter à feu vif pendant 3-4 min jusqu'à ce qu'elles soient ouvertes. Éliminez celles qui ne s'ouvrent pas.

3 Saupoudrez de persil.

4 Servez avec un muscadet sur lie ou un vin italien vif – orvieto ou verdicchio.

DAUBE D'AUBERGINES (pour six personnes)

INGRÉDIENTS

750 g d'aubergines
Sel
750 g de tomates épluchées et coupées
30 cl de vin rouge
Poivre noir fraîchement moulu
2-3 cuill. à café de sucre
1 gousse d'ail hachée
1 cuill. à café de thym séché
1 feuille de laurier
Huile d'olive
Bouquet de persil finement coupé

PRÉPARATION

1 Épluchez les aubergines, coupez-les en deux dans le sens de la longueur, puis en tranches épaisses.
2 Saupoudrez-les de sel et faites-les dégorger dans une passoire pendant 30 min.
3 Pendant ce temps, mettez les tomates, le vin, le sel, le poivre, le sucre, l'ail, le thym et le laurier dans une grande casserole et faites cuire à feu doux pendant 20 min.
4 Rincez les aubergines, séchez-les, puis faites-les frire dans un peu d'huile jusqu'à ce qu'elles brunissent. Égouttez-les sur du papier absorbant.
5 Ajoutez les aubergines à la sauce tomate et faites cuire à feu doux pendant 30 min en ajoutant de l'eau si nécessaire.
6 Ajoutez le persil en fin de cuisson.
7 Servez avec un vin de pays rouge corsé.

BŒUF BOURGUIGNON (pour huit personnes)

INGRÉDIENTS

2 kg de bœuf à braiser en gros morceaux
150 g de saindoux
75 g de farine
2 gousses d'ail hachées
2 bouteilles de bourgogne rouge
1 cuill. à soupe de purée de tomates
40 oignons grelots
250 g de bacon en fines lanières
50 g de beurre
1 cuill. à soupe de persil haché
Sel et poivre

PRÉPARATION

1 Dans une cocotte, faites brunir le bœuf dans le saindoux à feu moyen.
2 Ajoutez la farine et l'ail et assaisonnez.
3 Versez le vin et un peu d'eau.
4 Versez en tournant la purée de tomates.
5 Dans une autre casserole, faites brunir légèrement les oignons et le bacon avec le beurre, puis ajoutez-les au bœuf.
6 Couvrez et laissez cuire à feu doux pendant 3 heures à 3 heures et demie.
7 Saupoudrez de persil et servez avec… un bourgogne rouge, bien sûr !

Le service du vin

Si les verres au calice en tulipe conviennent bien pour le rouge comme pour le blanc, ceux destinés au vin rouge doivent être un peu plus grands.

Voir les choses en grand

Il serait dommage de gâcher la dégustation d'une bonne bouteille à cause d'un verre d'une taille inappropriée, empêchant d'apprécier pleinement tous les arômes. En effet, et même si cela paraît incroyable, la courbure du verre détermine l'arrivée en bouche du vin et, par conséquent, la manière dont les papilles gustatives sont affectées.

Un verrier autrichien, Georg Riedel, s'est acquis une réputation mondiale avec la théorie selon laquelle la forme du verre affecte autant l'arôme que le goût du vin. Il a créé des centaines de verres aux formes différentes, chacun correspondant aux éléments de saveur spécifiques d'un cépage, et même d'un cépage d'une région en particulier – ainsi, un sauvignon blanc de Nouvelle-Zélande au goût prononcé de groseille à maquereau ne sera pas servi dans le même verre qu'un sauvignon blanc de Sancerre, plus herbacé. Sans oublier l'âge du vin : afin d'apprécier pleinement les différences d'arômes, Riedel a conçu un verre pour le champagne non millésimé et un autre pour le millésimé. Sa théorie est encore révolutionnaire et, à moins d'être vraiment expert, nul ne pousse l'exigence aussi loin.

Il est cependant conseillé de posséder deux sortes de verres à vin, idéalement au calice en forme de tulipe et à la tige longue et gracile, grands pour les rouges et un peu plus petits pour les blancs. En fait, pour les rouges, plus le verre est grand, meilleurs sont les vins – ceux-ci ont besoin, surtout lorsqu'ils sont faits, d'espace pour respirer et libérer leurs merveilleux arômes fruités. Un conseil : ne remplissez le verre qu'à moitié.

Les amateurs de vin mousseux s'équiperont de flûtes. Leur forme haute et étroite empêche les bulles (ou la mousse, selon la terminologie appropriée) de s'échapper. Mieux vaut oublier les versions larges, en coupe (modelées à l'origine, selon la légende, sur la poitrine de Marie-Antoinette) : le vin y cesse aussitôt de pétiller.

Le xérès et autres vins mutés doivent être servis dans des verres légèrement plus petits que la normale, à cause de leur fort taux d'alcool. On peut suivre l'exemple espagnol et utiliser des *copitas,* verres traditionnels de la région de Jerez, pour tous les vins mutés, mais ne JAMAIS les servir dans ces minuscules verres à liqueur encore (malheureusement) en usage dans bon nombre de cafés et de restaurants.

Évitez également les bords disgracieux. Les verres à vin de 200 ml classiques, maladroitement faits à la machine, au rebord gonflé ne devraient pas exister. En revanche, les exemples ne manquent pas de verres tout simples, mais sans rebord. Enfin, préférez le cristal, désormais d'un prix abordable, mais évitez le cristal taillé, qui ne permet pas, si beau soit-il, d'apprécier comme il se doit la couleur du vin – de même que les tiges colorées modifient son apparence.

Enfin, parlons du rangement et du nettoyage des verres : ne les rangez pas à l'envers, car ils emprisonnent alors un air confiné susceptible de polluer un vin délicat. Ne les entreposez pas non plus dans une atmosphère enfumée. Enfin, la plus petite trace de produit vaisselle suffit à modifier le goût du vin : ne lavez les verres qu'à l'eau chaude, évitez les contacts gras qui supprimeraient tout pétillant en un rien de temps et consacrez un torchon non pelucheux, si possible en fil, au seul essuyage des verres.

Les vins mutés, plus forts, tel le xérès, sont servis dans des verres légèrement plus petits (ci-dessous), tandis que les flûtes (en bas) préservent le pétillant du champagne.

Bouchons et tire-bouchons

Un jour, toutes les bouteilles auront des bouchons à vis – un véritable scandale : imaginez le drame que ce serait d'épousseter soigneusement une bouteille de grand bordeaux pour ensuite simplement la dévisser sans plus de cérémonie ! Les producteurs des bons vins du monde entier lutteront sans doute jusqu'au bout contre cette tendance, mais, en fait, seul le snobisme empêche la généralisation des bouchons à vis.

Une poignée de producteurs se sont lancés dans les bouchons en plastique, pour la plupart dans le bas de gamme.

Quant aux Cubitainers, l'idée est excellente, et il n'y a aucune raison de ne pas vendre ainsi des vins coûteux. Il en va de même pour les briques en carton, mais elles sont difficiles à ouvrir, et le choix est limité. Quant aux cannettes, mieux vaut ne pas y songer.

Pourquoi chercher une alternative au bouchon de liège, puisqu'il joue un rôle dans le processus de vieillissement du vin ?

Les bouchons sont sujets aux infections et déformations, ce qui peut affecter le goût et le parfum du vin à différents niveaux, depuis le vinaigré léger jusqu'à l'odeur de vieille cave froide et humide. Pourtant, bien peu de personnes identifient un goût de bouchon – se contentant de repousser la bouteille pour son « mauvais goût ». Or, apprendre à distinguer cette odeur caractéristique permet de rapporter le vin au commerçant et de le faire remplacer.

Les bouchons traditionnels en liège pourraient bien être un jour remplacés par des systèmes plus modernes.

Le tire-bouchon screwpull à traction et le couteau-sommelier figurent parmi les plus populaires des nombreux modèles de tire-bouchons.

Les défauts du bouchon : d'où viennent-ils ?

Bien qu'il n'y ait aucune preuve formelle, le blâme porte aujourd'hui sur le traitement du liège (issu pour l'essentiel des forêts de chênes-lièges d'Espagne et du Portugal) : avant d'être lavés et séchés, les bouchons sont blanchis au chlore. Cette opération peut entraîner l'apparition de composés, les chloroanisoles, dont certains tel le 2,4,6-trichloroanisole (TCA) peuvent être perçus même en quantité minime. L'industrie bouchonnière essaie de résoudre le problème, mais ce processus n'est pas le seul coupable. Les bouchons se détériorent également en cas de stockage défectueux, ou au contact d'odeurs noséabondes dans les bateaux-conteneurs.

Comment déboucher le vin ?

Il y a toutes sortes de tire-bouchons : « papillon », « ami du serveur », « screwpull », « couteau-sommelier » et bien d'autres…

En premier lieu, le screwpull à traction : invention américaine, il a été copié depuis dans le monde entier et a l'avantage d'exister en version à longue mèche. Le couteau-sommelier, si efficace et qui se replie proprement, vient ensuite. C'est l'outil emblématique des authentiques sommeliers.

Comment procéder ?

Coupez la capsule métallique qui entoure le goulot – utilisez éventuellement un coupe-capsule, pour un découpage propre et net. Essuyez le goulot afin d'en ôter toute impureté. Appuyez doucement la pointe du tire-bouchon sur le centre du bouchon et tournez lentement jusqu'à ce qu'elle émerge de l'autre côté, puis retirez doucement le bouchon.

Pour le vin mousseux : détachez l'habillage et le muselet ; placez une main sur la bouteille et l'autre sur le bouchon, tournez alors lentement la bouteille dans un sens et le bouchon dans l'autre – en veillant à ne le pointer sur personne.

Ayant découpé la capsule et essuyé le goulot pour en ôter toute impureté, vissez à fond puis extrayez le bouchon doucement, sans à-coup.

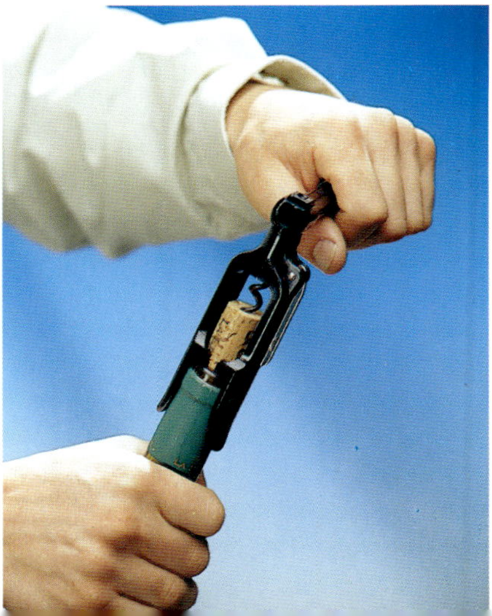

Les défauts du vin

L'effet moisi d'un vin bouchonné se repère au nez avant même la première gorgée – inutile donc de vérifier à quel point le goût est désagréable.

« Beurk, il sent la vieille cave moisie. Je n'en commanderai plus ! » Ce serait vraiment dommage, car, si telle bouteille est clairement bouchonnée, en essayer une autre du même vin entraînera probablement une conclusion différente (sauf si tout le lot est atteint, ce qui est plutôt rare) et évitera de rejeter pour toujours un vin que l'on avait choisi.

On prétend qu'une bouteille sur douze est bouchonnée. Mais quel est le sens de ce terme ? Cela ne signifie pas que des petits morceaux de bouchon flottent dans les verres après une ouverture difficile.

De temps en temps, quelques champignons survivent à la stérilisation et restent dans le bouchon : lorsque la partie infectée de ce dernier entre en contact avec le contenu de la bouteille, le vin en absorbe l'odeur – une odeur de moisi. C'est l'origine du terme bouchonné. Le goût de bouchon peut être plus ou moins prononcé. Lorsqu'il est très faible, il ternit le vin sans le rendre forcément imbuvable.

Au restaurant, on renvoie le vin et on demande une autre bouteille. À la maison, on peut rapporter la bouteille avec le ticket de caisse au caviste ou au supermarché, qui la remplacera. Dans le cas d'un cadeau ou d'un cru vraiment très rare, le goût de bouchon est en revanche très contrariant : il n'y a rien d'autre à faire que de vider la bouteille dans l'évier !

Le goût de bouchon n'est pas le seul défaut du vin. Si un muscadet semble plus jaune qu'à l'ordinaire ou si un rouge jeune tire sur le brun, ils ont probablement été oxydés. L'oxydation se produit lorsque trop d'air a pénétré jusqu'au vin – si la bouteille n'a pas été bien conservée, le bouchon peut avoir séché et s'être légèrement contracté. Le vin aura un goût fade et plat, et, dans le pire des cas, sentira le vinaigre.

Il y a aussi cette horrible odeur d'œuf pourri, à ne pas confondre avec celle d'allumette brûlée – l'anhydride sulfureux –, qui disparaît généralement lorsque la bouteille a été ouverte un moment et le vin exposé à l'air. Toutes les caves du monde ou presque ajoutent de l'anhydride sulfureux au raisin fraîchement cueilli et au vin lors de la mise en bouteilles, pour le garder frais. L'odeur d'œuf pourri, elle, signale la présence autrement plus nocive d'hydrogène sulfuré, qui peut se former pendant la fermentation et indique une mauvaise vinification.

Un vin doit être clair et lumineux. Les vins non filtrés aujourd'hui à la mode peuvent avoir l'air un peu terne, mais il arrive aussi – rarement – que cet aspect indique la présence de bactéries nocives. Ne jetez pas pour autant une vieille bouteille de bourgogne parce que le vin est trouble au sortir de la cave : il suffit de mettre la bouteille debout un moment jusqu'à ce que le dépôt retombe, puis de décanter et de filtrer à travers une mousseline les quelques gorgées qui restent éventuellement.

Quant aux cristaux blancs que l'on trouve au fond d'un verre de vin blanc, pas d'inquiétude : il s'agit de dépôts naturels appelés tartrates, qui ne sont pas dangereux et n'altèrent en rien le goût du vin.

LES DÉFAUTS DU VIN : ORIGINES ET REMÈDES

Défaut	**Cause**	**Remède**
Goût de bouchon	Champignons	Renvoyer la bouteille
Oxydation	Air	Jeter la bouteille
Soufre	Ajout excessif d'anhydride sulfureux (SO_2)	Aérer le vin
Hydrogène sulfuré	Carence en azote	Jeter la bouteille
Aspect trouble	Bactéries	Jeter la bouteille

Décantation, température

Il n'est nécessaire de décanter un vin que lorsqu'on voit un dépôt important au fond de la bouteille – uniquement lorsque le vin est assez vieux. Dans le vieux bourgogne, par exemple, le dépôt – ou lies – est si fin que près de la moitié de la bouteille sera imbuvable si le vin n'est pas versé correctement. Si la bouteille n'a pas été conservée couchée, il faudra, pour que les lies se déposent, la laisser debout pendant un jour ou deux avant de la boire.

Après débouchage, versez le vin dans la décanteuse d'un mouvement lent et régulier jusqu'au moment où le dépôt devient visible au niveau du goulot (une lampe de poche ou une bougie peut être nécessaire). Les pertes sont généralement limitées, mais, s'il reste plus de la moitié d'un verre, le filtrer à travers une mousseline.

Outre le cas des vieux vins, la décantation peut rendre plus souple un vin jeune épais et tannique. Tout est une question d'oxygène : verser le vin de la bouteille dans une décanteuse ou une carafe crée un contact plus important avec l'air, le vin respire, ses arômes et saveurs sont mis en valeur, surtout s'il s'agit d'un vin fait.

Pour les vins bas de gamme, la décantation ne change pas grand-chose. De même, il n'est pas nécessaire d'aérer un vin non décanté. Quant aux vieux vins, mieux vaut ne pas les laisser trop longtemps au contact de l'air, car ils pourraient perdre toute saveur.

La décantation n'est indispensable que pour les vieux vins au dépôt important.

La température de service

Il ne sert à rien de réchauffer un vin rouge, décanté ou non – sinon à le rendre poisseux et fade. Inversement, trop refroidir un blanc serait une erreur : il perdrait toute saveur et tout arôme. Si c'est le cas, mettre les mains en coupe autour du verre pendant une minute ou deux.

Quelle est la bonne température de service ? Pour les blancs vifs et secs, les mousseux, les vins très doux et les rosés, pas plus de 8 °C. Les grands chardonnays, les vins d'Alsace aromatiques et les lourds viogniers gagnent en revanche à être servis un peu plus chauds, jusqu'à 10 °C. La saison aussi importe : les vins blancs sont meilleurs un peu plus chauds en hiver et extra-frais au cœur de l'été.

Quant aux rouges, ils doivent être nettement plus frais que la température ambiante des appartements en hiver, soit autour de 17 °C. Donc, ne tenez pas compte de l'étiquette suggérant de les servir chambrés. Certains, plus légers et plus fruités – dolcettos, beaujolais –, gagnent d'ailleurs à être un peu rafraîchis.

Si vous êtes pris de court :
Les enveloppes de gel que l'on place au congélateur sont idéales pour refroidir rapidement une bouteille de vin blanc. À défaut, utilisez un seau à glace rempli de glaçons, d'eau et d'une pincée de sel (pour faire fondre la glace plus rapidement). Faites l'inverse pour une bouteille de rouge juste sortie de la cave : remplissez le seau d'eau chaude (21 °C) et plongez-y la bouteille pendant huit minutes.

Un seau à glace rempli d'un mélange de glaçons et d'eau auquel on a ajouté un peu de sel permet de rafraîchir rapidement une bouteille de vin blanc.

Au restaurant

Les récits déplaisants ne manquent pas sur le vin au restaurant : le sommelier méprisant rejetant la suggestion d'un goût de bouchon ; le sommelier méprisant ne proposant qu'une bouteille deux fois plus chère que la première suggestion ; le sommelier méprisant faisant entendre un reniflement dédaigneux à la prononciation hésitante d'un vin. Les sommeliers méprisants ont bien des comptes à rendre – ou plutôt avaient, car, espèce en voie de disparition, ils sont remplacés par de plus jeunes, de plus enthousiastes, heureux de mettre en valeur leur sélection de vins.

Le vin n'a jamais eu un tel succès. On le voit aux cartes des restaurants : à leur longueur et au nombre de vins disponibles au verre. On peut même commander une série de dégustations : plusieurs petites mesures d'un cépage ou d'une région en particulier, pour se familiariser avec des vins peu connus.

Pourtant, la route est encore longue. Le verre à vin classique de 200 ml au rebord épais et disgracieux est encore très répandu, ainsi que les cartes des vins non informatives : sans aucune spécification de millésime ou de producteur, aux multiples fautes d'orthographe, écornées et ne proposant aucun vin au verre.

Pour s'en tenir aux aspects positifs, imaginons un anniversaire familial pour la célébration duquel un restaurant a été choisi. Tout d'abord, remarquez les verres : longues tiges graciles, calices généreux et absence de rebord – c'est bon signe.

Ensuite, le menu et la carte des vins. Dans les endroits vraiment chics, un sommelier est disponible. Consultez-le, faites-lui savoir le type de vin et le prix souhaités – sa compétence et sa serviabilité feront le reste.

Sinon, observez la carte des vins : une cinquantaine de vins proposés, c'est bien.

C'est même parfait, sauf pour les amateurs de longues lectures, page après page et région après région.

Millésimes, producteurs, cépages et régions sont indiqués, et la sélection de vins au verre est assez importante – encore un bon point. Chaque vin est accompagné d'une petite notice – pas trop longue, mais indiquant surtout son goût : c'est idéal pour assortir vins et mets. Imaginons maintenant qu'un sémillon australien ait été choisi pour les hors-d'œuvre et un verre de pinot noir néo-zélandais pour la terrine de gibier d'un convive. Le rouge de la maison – un merlot chilien – semble pouvoir convenir à tous les plats choisis. Les deux bouteilles sont présentées, pour vérification du millésime et du producteur. Une dégustation est proposée. Commencez par humer largement (pour repérer un éventuel goût de bouchon, auquel cas le serveur remplacera gracieusement la bouteille), puis une gorgée rapide. Le sémillon est un peu chaud ? Le serveur apporte un seau à glace rempli d'eau et de glaçons. Quelques minutes plus tard, le vin est prêt à être bu (ne pas le laisser dans la glace, il ne doit pas être trop froid). Le rouge aussi est bon, avec un abondant fruit vif et franc de cerise noire et de cassis – un merlot du Nouveau Monde classique et facile.

Tel est le scénario idéal.

Le pire maintenant : aucune information, ni écrite, ni orale ; toute critique est contestée ; seul un vin beaucoup plus cher est proposé comme alternative ; le millésime servi est différent et très inférieur à celui figurant sur la carte ; le vin commandé n'est pas présenté ; seules deux bouteilles sont à moins de 35 euros...

CHOISIR UN VIN AU RESTAURANT

1 Pensez d'abord aux plats, choisissez le vin ensuite.

2 Ayez recours au sommelier, expliquez-lui quel style de vin vous souhaitez et combien vous voulez dépenser.

3 Essayez d'abord le vin de la maison – s'il est bon, les autres devraient l'être aussi.

4 Si les plats choisis sont différents, ne pas chercher un vin qui convient à tous. Néanmoins, sachez que beaucoup de bons vins du Nouveau Monde comme les blancs d'Alsace vont avec presque tout.

5 Si la carte ne vaut pas grand-chose, tenez-vous-en aux vins d'Australie ou du Chili : ils sont les plus fiables et la valeur la plus sûre.

6 Si la sélection de vins au verre est bonne – n'hésitez pas, essayez différents mariages de plats et de vins, et osez ceux que vous ne connaissez pas encore.

7 Vérifiez la température de la bouteille : si elle est trop chaude, demandez un seau à glace.

caves et cavistes

Armé d'un savoir tout neuf, vous pouvez désormais écumer les rayons des magasins en toute confiance – mais n'allez pas tout gâcher en vous montrant incapable de déchiffrer une étiquette. Les vins du Nouveau Monde ne posent guère de problème, une fois les différents cépages maîtrisés. Ceux de l'Ancien Monde, en revanche, nécessitent plus d'attention – car dépenser beaucoup pour un bordeaux inadapté au repas prévu n'est que vulgaire gaspillage et déception inutile. N'oubliez pas non plus de vous renseigner sur les vins qui vieillissent le mieux. Et si le choix du caviste local est épuisé, les possibilités d'achat sont nombreuses – depuis les sites Internet jusqu'à la vente directe. Une fois les vins achetés, où les stocker ? Nous vous l'expliquons dans les pages suivantes.

Comment lire une étiquette ?

L'étiquette en dit long sur le vin. Elle doit comporter l'année, la région, la classification, le nom et l'adresse du producteur, ainsi que le degré d'alcool.

Viña amezola, Rioja, Espagne

Les caractères les plus grands indiquent le nom du vin : Viña Amezola. Le nom du producteur est tout en bas : Bodegas Amezola de la Mora. Au-dessus de l'illustration se trouve l'appellation, Rioja. *Denominación de Origen Calificada* – ou DOC – désigne une nouvelle catégorie de vins de haut niveau, quatrième du système de classification espagnol et équivalente à la DOCG italienne. *Embotellado en la propiedad* = mis en bouteilles à la propriété. Enfin, pour les riojas, le terme *crianza* indique un vin qui ne peut être vendu avant sa troisième année d'âge et doit avoir mûri au moins douze mois dans le chêne.

Domaine Rollin, corton charlemagne, Bourgogne, France

Les étiquettes de bourgognes ne manquent pas de pièges pour les non-initiés. Le nom du producteur (Domaine Rollin Père & Fils) figure tout en bas. Corton Charlemagne est l'un des vignobles de grands crus de la Côte de Beaune, le vin est donc un « grand cru », mais l'étiquette n'est pas tenue de préciser son village d'origine (Aloxe-Corton). Notez que « mis en bouteilles » n'est pas suivi de « au domaine », car le vin a été conditionné par un négociant installé ailleurs.

Chardonnay carmenet, Sonoma, Californie

Carmenet est un synonyme de cabernet franc, courant dans le Médoc. Mais que cela ne prête pas à confusion : c'est aussi le nom qu'a choisi cette cave californienne. Aux États-Unis, un vin dont l'étiquette mentionne – comme ici – un cépage doit contenir un minimum de 75 % de ce cépage. De même, 95 % du raisin – tous cépages confondus – doivent provenir du vignoble spécifié sur l'étiquette (vignoble Sangiacomo).

Bouchard Finlayson, chardonnay missionvale, Walker Bay, Afrique du Sud

Hors d'Europe, les étiquettes de vin sont beaucoup plus faciles à déchiffrer. Celle-ci indique simplement le nom du domaine (Bouchard Finlayson), le millésime (1998), le cépage (chardonnay) et la région dans laquelle il a été cultivé et vinifié (Walker Bay). La mention *Wine of Origin* équivaut plus ou moins à l'appellation contrôlée française.

Bindella, Borgo Scopeto, chianti classico riserva, Toscane, Italie

De haut en bas apparaissent le nom du vignoble (Tenuta Borgo Scopeto), puis l'appellation, ou *denominazione* (chianti classico, le bastion du chianti), le niveau de qualité, ici le plus haut d'Italie, *Denominazione di Origine Controllata e Garantita* (DOCG). *Riserva* indique que le vin a fait l'objet d'un long élevage avant d'être vendu. Vient ensuite le nom du producteur (Bindella), suivi de l'information qu'il a mis le vin en bouteilles au domaine.

Alois Lageder, pinot bianco, Haut-Adige, Italie

L'étiquette indique Südtirol (Tyrol du Sud). Le Tyrol appartient à l'Autriche, mais une partie, le Trentin-Haut-Adige *(Alto Adige),* en a été cédée à l'Italie après la Première Guerre mondiale, et ses habitants – qui parlent allemand et jouissent d'une certaine autonomie – l'appellent Südtirol. Le producteur (Alois Lageder) est indiqué en grand, le cépage est du pinot blanc (*pinot bianco* en italien, *weissburgunder* en allemand).

Domaine des Marronniers, chablis, Bourgogne, France

Le chablis, bien qu'issu d'une minuscule région, est l'un des blancs les plus célèbres du monde. Le nom a fait l'objet de nombreux abus et a été repris sans autorisation par plusieurs producteurs, des États-Unis à l'Argentine, pour des vins très différents. L'étiquette ci-contre indique un vrai chablis – mais pas forcément du meilleur (une « appellation Chablis contrôlée », et non un « Premier Cru » ni un « Grand Cru », les deux catégories suivantes) –, généralement minéral et rafraîchissant.

Champagne Bruno Paillard, Reims, France

Les étiquettes de champagne sont faciles à lire. Le nom de la maison domine (Bruno Paillard), car c'est ici une véritable marque. À gauche, le style : brut, presque le plus sec. À droite, le millésime. En Champagne, les millésimes sont déclarés lorsqu'une maison pense que son vin le mérite, mais tout le monde déclare les bonnes années.

Le champagne est le seul vin AOC dont l'étiquette n'est pas tenue de porter la mention « appellation contrôlée ». Les chiffres à droite indiquent que la maison est un NM (négociant-manipulant), ce qui signifie que le vin a été élaboré sur place.

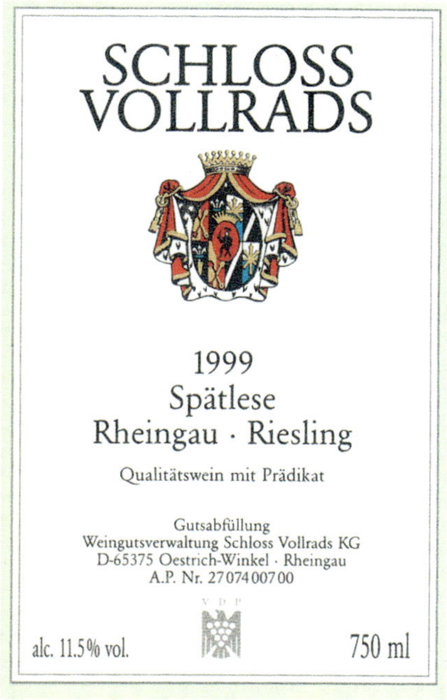

Schloss Vollrads, Riesling Rheingau, Allemagne

Si les étiquettes allemandes sont parfois complexes, celle-ci est un modèle de clarté. Le nom du producteur apparaît en grand (Schloss Vollrads). Après le millésime vient la catégorie QmP, ici *Spätlese,* un vin de vendanges tardives, généralement sec à demi-sec. Le Rheingau est l'une des premières régions de vin blanc du monde. *Gutsabfüllung* signifie « mis en bouteilles à la propriété ». Enfin, en bas, figurent les mentions légales obligatoires : l'adresse de la mise en bouteilles, l'aigle noir du VDP *(Verband Deutscher Prädikats und Qualitätsweingüter),* une association de grands domaines ; c'est un signe de qualité.

Château Grivière, cru bourgeois, Bordeaux, France

Le nom de marque est Château Grivière, et la première ligne indique qu'il a été mis en bouteilles sur place. Le producteur est CGR, de Blaignan. On trouve aussi l'AOC : Médoc. Quant à « cru bourgeois », c'est une spécificité du Médoc, une série de rouges appelés « bourgeois » correspondant à la catégorie sociale inférieure aux « crus classés », aristocrates. On en compte environ trois cents, petits domaines ou bons châteaux. Il existe une hiérarchie des crus bourgeois : les premiers sont les « crus bourgeois exceptionnels », puis viennent les « crus grands bourgeois » et, enfin, les « crus bourgeois ».

Le millésime

Une saison brumeuse apporte une fertilité moelleuse aux vignobles du Piémont.

Le millésime fait référence, d'une part, aux vendanges et à la vinification, d'autre part, à l'année de production. Il s'agit donc, dans l'hémisphère Nord, de la période de croissance du raisin et, dans l'hémisphère Sud, où les vendanges ont lieu en début d'année, de l'année où le raisin a été cueilli. Les « bons millésimes » sont les années où tous les éléments (climat, vignoble, vinification) se sont conjugués pour donner un grand vin.

Une bouteille sans millésime est la plupart du temps inférieure à une millésimée – de nombreux vins de table de l'Union européenne et vins en vrac des États-Unis ne sont pas datés.

Le champagne fait exception, et un non-millésimé peut être de première qualité.

Alors, pourquoi cette absence de millésime ? Les viticulteurs évitent tout risque en mélangeant au vin de l'année des vins de l'année précédente, pour parvenir à un style régulier. Or, selon la loi, une bouteille millésimée doit contenir 75 % (ou 85 % dans certains pays ou régions) de vin issu de la récolte de l'année indiquée, afin de laisser une certaine souplesse aux viticulteurs.

Le millésime est d'une importance capitale. Ou du moins l'était-il, car aujourd'hui,

Il est essentiel de protéger des intempéries le raisin en train de mûrir, surtout en Europe.

les techniques de vinification ont progressé à tel point que même les mauvaises années on peut obtenir du vin acceptable – avec cependant plus de difficultés en Europe, lorsque les éléments s'en mêlent. Une période de croissance contrariée affecte directement la structure du vin et son potentiel de vieillissement – un été chaud et sec fait monter en flèche les niveaux d'alcool, tandis que des vendanges détrempées donnent un petit vin. Ces éléments associés à l'appellation – ou terroir (voir p. 173) – décident du sort d'un vin.

Le Nouveau Monde ne connaît guère ce type d'ennuis : au Chili ou en Australie, les différences entre millésimes ne sont pas aussi importantes qu'en Europe. Donc, au restaurant, opter pour un vin de l'un de ces deux pays ne sera jamais une erreur, alors que choisir un nom inconnu parmi les bourgognes 1994 peut l'être.

Les amateurs de bourgognes – ou de bordeaux, ou de piémonts – ont donc tout intérêt à se familiariser avec les millésimes pour s'épargner de nombreuses déceptions.

Où s'informer ?

Les magazines consacrés au vin publient souvent leurs propres palmarès, mais tous ne différencient pas assez précisément les dizaines de microclimats qui existent au sein d'une région. On peut citer *Vins Magazine, Vintage International Magazine* ou, en anglais, l'excellent *The Wine Advocate Vintage Guide,* de Robert Parker, qui classe les vins par pays, régions et cépages en indiquant la qualité et le potentiel d'un millésime.

La même année, dans une même région, la qualité et le caractère du vin peuvent varier très fortement selon les producteurs. C'est là qu'interviennent les professionnels : pour évaluer le vin à ses débuts et prévoir le mieux possible ses futures caractéristiques et son potentiel de vieillissement – un service essentiel pour l'achat en primeur. Sachez aussi qu'une année peut avoir été favorable pour un cépage à maturation précoce, tel le merlot, mais pas pour un à maturation tardive comme le cabernet-sauvignon, si la fin des vendanges a été pluvieuse.

On le voit, les variables sont nombreuses, et c'est bien ce qui rend le monde du vin si passionnant.

Inspection du cépage à maturation tardive nebbiolo, qui donnera du barolo.

Acheter du vin

La présence de personnel compétent dans une boutique bien fournie peut faire s'envoler toutes les appréhensions.

Face à un rayon aux noms tous inconnus, l'achat de vin peut sembler une véritable loterie – notamment dans un supermarché, où le personnel n'est pas formé et ne peut conseiller. Pour être conseillé, essayez une chaîne de petits magasins (à mi-chemin entre le caviste indépendant et le supermarché) – mais, là aussi, les différences peuvent être énormes.

Les supermarchés sont extrêmement utiles sur le plan financier, et les bonnes affaires n'y manquent pas. Il est très rare aujourd'hui de tomber sur une bouteille réellement mauvaise : les méthodes de viticulture et de vinification ont tellement progressé qu'il est devenu difficile de faire du mauvais vin !

Vous pouvez vous faciliter la vie et vous contenter des promotions qui mettent en valeur un vin particulier, la dernière médaille ou bonne note de dégustation qu'il a obtenue : vous êtes sûr qu'il sera, au pis, acceptable.

Sinon, étudiez les étiquettes au dos des bouteilles : elles indiquent le style du vin et les mets auxquels l'associer. Bon nombre des supermarchés affichent aussi les degrés de douceur ou le style, de sorte qu'il est difficile de commettre une erreur grave.

S'il s'agit pour vous de faire une folie pour un vin très spécial, adressez-vous à un revendeur spécialisé – les conditions de stockage des bons vins sont loin d'être idéales sur les rayonnages chauds et clairs des supermarchés, où les millésimes sont invariablement trop jeunes.

Gardez un œil sur les conseils de la presse – laissez les professionnels tester pour vous, mais soyez alors prêt à entrer dans la danse en cas d'occasion, car les bouteilles disparaîtront des rayons en quelques minutes.

Vous pouvez aussi effectuer voss propres recherches : lire des ouvrages, des magazines et des articles consacrés au vin, ou surfer sur Internet. Il suffit de quelques connaissances pour transformer une expédition chez un caviste ou au supermarché en une partie de plaisir. Certaines chaînes de distribution organisent régulièrement des dégustations dans leurs magasins – un excellent moyen de découvrir les vins à son goût.
Le personnel y connaît souvent mieux les vins moins traditionnels – c'est l'avantage des chaînes spécialisées par rapport aux

supermarchés. Cherchez des noms et des cépages familiers, mais gardez l'esprit ouvert pour essayer des vins inconnus. Une solution pour mieux cibler votre choix peut être de vous fixer une limite de prix – sans hésiter cependant à la dépasser de temps en temps.

Acheter à la douzaine revient moins cher, mais goûtez d'abord le vin et assurez-vous de ne pas récupérer un millésime ordinaire ou du vin ayant été mal stocké (reconnaissable aux bouchons qui suintent). Il en va de même pour les « fins de série » – mais là, s'il y a une affaire, achetez en quantité.

Si le vin a un défaut indéniable, arrêtez-vous avant la moitié de la bouteille et rapportez-la dès que possible.

Les spécialistes

Consommateur averti, vous deviendrez vite difficile et ne trouverez plus d'attrait aux grandes surfaces. Rien de tel alors qu'un caviste indépendant : rangées bien entretenues de vins de bonnes origines et de bons millésimes ; éclairage agréable et espaces d'exposition bien conçus ; une pièce à part pour la marchandise rare, le reste couché dans des armoires à la température et à l'humidité contrôlées ; un personnel qui multiplie les suggestions pour toutes les occasions, qui ouvre une bouteille pour dégustation avant l'achat d'un coffret ; la livraison gratuite, voire le prêt de verres pour la soirée (et pas des verres de 200 ml classiques) – bref, le *nec plus ultra* des marchands de vin.

De telles boutiques existent partout. Pour les trouver, consultez un guide annuel du vin (par exemple le *Guide du vin Gault-Millau* ou, en anglais, le *Which? Wine Guide*). Certains livrent dans tout le pays (pour toute commande de plus d'une caisse), d'autres seulement aux environs (ce qui peut signifier jusqu'à un rayon de 100 kilomètres), et beaucoup vendent par correspondance.

Selon les préférences de chacun, certains sont plus spécialisés et se révéleront de véritables îles aux trésors pleines d'une marchandise hors pair, qu'il s'agisse des vins de Loire, de Californie, de shiraz australien ou des vins doux et poisseux d'Autriche, ou encore d'Espagne et du Portugal pour une ambiance de vacances, de Bourgogne pour impressionner beau-papa ou simplement de vins branchés aux étiquettes branchées.

Quant à ceux qui n'ont pas de temps à perdre et préfèrent rester chez eux, les clubs leur sont ouverts. Les membres peuvent commander du vin par correspondance

Revendeurs spécialisés comme cavistes indépendants livrent généralement le vin par caisse – une solution par ailleurs plus économique.

à partir de catalogues souvent bien faits, reçoivent des bulletins d'informations réguliers sur les vins et leurs producteurs, ainsi que, de temps en temps, des invitations à des repas ou à des dégustations. De plus, ils ont parfois la chance de pouvoir acheter en primeur (voir p. 78) et se voient proposer de nombreux coffrets composés.

Le revers de la médaille est que les vins offerts sont souvent plutôt conventionnels (car plus faciles à vendre) et qu'il est impossible de goûter avant d'acheter – on passe donc à côté de tout l'aspect physique et sensuel de la dégustation et on ne peut vérifier la fraîcheur du vin. Les journaux nationaux et locaux, les magazines consacrés au vin, les cavistes et les négociants disposent des renseignements nécessaires sur les clubs.

Internet

La place du vin sur le Web est importante – et devrait croître encore. Après les quelques ratés des débuts, il a désormais toute sa place sur la Toile et, s'il existe de nombreux sites consacrés aux boissons alcoolisées, il en existe véritablement des milliers consacrés au vin.

Internet a inspiré tout le monde, des sites amateurs souvent ringards à ceux des vieilles maisons de négoce, un peu désuets. Les plus prometteurs sont ceux qui parviennent à combiner les éléments traditionnels de la vente de vin au détail et les immenses possibilités du Net – noms nouveaux ou commerçants nouvellement initiés aux ficelles du Web.

Le public est nombreux, du consommateur occasionnel cherchant la meilleure affaire sur les rayons d'un supermarché au vrai collectionneur en quête de raretés.

À quelle occasion y avoir recours ? Plutôt que de s'impatienter au supermarché ou de devoir courir chez un caviste en cas de besoin, ou pour remplacer l'achat par correspondance. Internet réunit quelques-uns des principaux avantages de chaque formule : plus besoin de quitter son bureau ou son salon, il suffit de taper une région, une limite de prix ou un style (ou encore les trois) pour se voir présenter toute une série de vins correspondant aux critères sélectionnés (avec un peu de chance, chacun sera même accompagné d'une note de dégustation), présentation normalement suivie d'une livraison rapide aux conditions de son choix. Les prix sont parfois plus bas, le choix est parfois plus vaste, les possibilités de retour d'information de la clientèle sont immenses et les insuffisances du supermarché (des rayons interminables de bouteilles aux noms inconnus sans la moindre information sur leur contenu) ne devraient pas tarder – si cela n'est déjà le cas – à reculer devant les possibilités de recherche dynamique en ligne, l'abondance d'informations et la livraison à domicile.

Mais peut-on poser à un ordinateur des questions comme « Que servir avec une bûche de Noël ? » Les meilleurs sites disposent d'un service de questions et réponses par e-mail donnant accès aux experts que l'on ne trouve pas chez les petits cavistes ou au supermarché.

En même temps qu'une formidable source d'information, le Web est un outil éducatif incomparable pour accroître ses connaissances en permettant un contact direct entre producteur et consommateur.

Outre les masses d'informations sur le vin qu'il dispense, le Web permet aussi d'acheter aux enchères en ligne.

Outre commander du vin, on peut également visiter virtuellement des régions, comme le Beaujolais à l'adresse www.vins-du-beaujolais.com, la Bourgogne à www.vins-bourgogne.fr ou l'Afrique du Sud à www.wine.co.za, et s'informer sur un incendie dévastant un vignoble ou les dégâts provoqués ici ou là par le gel ou la grêle, étudier les notes de dégustation sur les millésimes actuels, lire les derniers numéros des magazines, et même apprendre à faire son vin – le tout sans bouger.

Les collectionneurs en herbe peuvent participer à des enchères. Elles sont nombreuses en ligne. Outre les plus traditionnelles comme Sotheby's (www.sothebys.com), on peut citer les sites français www.oldfrenchwine.com et www.chateauonline.com.

L'un des grands avantages d'Internet vient des possibilités de recherche – le consommateur en quête d'un vin rare, par exemple un porto d'une certaine année pour un anniversaire, peut désormais éplucher et comparer les offres des courtiers et des marchands. Et pour ceux qui cherchent un vin particulier, il existe des sites comme www. winesearcher.com qui recensent des centaines de points de vente dans le monde entier, et d'autres qui passent en revue les sites consacrés au vin, tels www.bluewine.com, www.iacchos.com ou www.mondowine.com, et, en anglais, www.thegoodwebguide.co.uk.

Acheter du vin en primeur est risqué, mais vaut la peine, et pas seulement en termes de prix.

La vente en primeur

Acheter le vin avant même sa mise en bouteilles peut sembler risqué mais n'en est pas moins une pratique courante dans le Bordelais et dans quelques autres régions. Le terme commercial pour désigner un tel achat à terme est « en primeur ».

Acheter à l'avance permet de se procurer à moindre prix des vins recherchés – en théorie du moins. Cela a ses avantages lorsque l'offre excède la demande, comme pour le champagne dans les années 1980. D'un autre côté, lorsque l'économie plonge, les prix peuvent se stabiliser, voire chuter, les taux de change fluctuant et, dans le pire des cas, l'intermédiaire (entre client et producteur) peut faire faillite et vous laisser avec un tonneau de piquette sur les bras.

Tout est aussi question de goût : risquer un investissement sur la dégustation faite par un tiers d'un échantillon prélevé en fût six mois après les vendanges, un an avant la mise en bouteilles n'est pas sans risque.

Quand acheter ?

Seulement les meilleures années, pour les meilleurs vins ; tous les autres cas sont à réserver aux milliardaires. Surveillez les rapports annuels de millésimes.

Qu'acheter ?

Prioritairement des bordeaux rouges crus classés et de bons crus bourgeois (voir p. 70), des sauternes crus classés, des rouges et blancs du nord du Rhône, de grands bourgognes rouges et blancs, des portos vintage, de grands domaines de Napa, en Californie, et quelques très grands noms italiens.

Comment ça marche ?

Les échantillons sont présentés au printemps qui suit les vendanges. Les ventes sont négociées entre courtiers et acheteurs. Ces derniers paient dès que le prix a été fixé mais ne reçoivent le vin que deux ans plus tard, une fois acquittées les taxes en vigueur et la totalité des frais de port. Un producteur ne vend généralement qu'une petite partie de sa production en primeur, selon l'état de sa trésorerie et l'appétit du marché, et c'est lui qui fixe le prix.

Comment sont fixés les prix ?

Tout dépend du millésime (bon ? très bon ?) et du classement du cru. Si un producteur sort du rang, fixe un prix élevé et que son vin n'est pas à la hauteur deux ans plus tard, sa réputation en souffrira.

Historique

Si la vente en primeur est ancienne, elle ne s'est étendue que récemment aux particuliers – le système a été mis au point à l'origine entre propriétaires de châteaux et négociants pour assurer aux premiers une rémunération rapide (ils doivent sinon attendre deux ans que le vin en fûts puisse être mis en bouteilles, ce qui immobilise une bonne partie de leur financement).

Vente directe et vente aux enchères

Choisir d'acheter son vin directement permet de nouer des relations personnelles avec un producteur et d'apprendre à connaître toutes les étapes d'élaboration du vin.

Il ne suffit pas pour cela de débarquer dans un château le coffre grand ouvert, surtout à Bordeaux – où la plupart des premiers crus classés ne peuvent de toute façon pas être vendus directement mais doivent passer par un négociant. Pour le reste, c'est uniquement sur rendez-vous. Il en va de même en Bourgogne. Ailleurs, les portes s'ouvrent plus facilement.

Hors d'Europe, les méthodes de vente sont radicalement différentes. En Australie, la plupart des caves possèdent un espace de dégustation ouvert au public toute la semaine; on peut y tester les vins avant de les acheter, et on y déniche souvent des vins qu'on ne trouvera pas ailleurs.

Les choses se compliquent s'il s'agit d'en faire une habitude régulière et pas seulement un achat de vacances. En effet, l'achat direct n'est rentable que pour les consommateurs réguliers de grandes quantités (par exemple les propriétaires de cafés et restaurants désireux de se procurer directement leur vin maison) car, s'il permet d'économiser de 10 à 15 %, il implique en revanche une montagne de paperasserie (déclarations en douane pour les acheteurs étrangers, calcul des frais de port), de lourdes taxes éventuelles d'importation, le risque de vol, de dommage ou de vin défectueux (sans service après-vente) et toutes sortes d'autres complications. Par ailleurs, la plupart des petites caves ne sont pas équipées pour les commandes internationales aux particuliers – si vous tenez vraiment à continuer d'acheter votre précieuse découverte, mieux vaut convaincre un négociant de la commander (mais le prix sera alors plus proche du prix de détail).

Aux enchères

Il est indispensable de ne pas se laisser emporter : on peut acheter un bordeaux premier cru (voir p. 96) au double du prix de détail sans s'en rendre compte. Les tempéraments les plus excitables ont intérêt à envoyer leur offre par courrier, fax ou e-mail.

Acheter aux enchères peut être très censé sur le plan économique. On n'y trouve pas du vin de tous les jours, mais pas non plus seulement des millésimes recherchés; en revanche, le catalogue peut proposer des vins actuels ou récents moins chers que chez un caviste. Essayez de vous en tenir à un prix, et n'oubliez pas d'y ajouter la prime d'acheteur et les éventuelles taxes de vente.

Comment savoir si le vin est en bon état? Les commissaires-priseurs, des experts, ont vérifié la provenance des bouteilles : combien de temps elles ont été conservées et où elles ont été achetées la première fois. Les règles sont les mêmes pour la vente (le seul moyen légal de vendre du vin pour le consommateur) : un vin sera refusé s'il n'a pas été conservé correctement (dans une cave à température et humidité contrôlées).

Le prix du vin

Pourquoi une bouteille coûte-t-elle 35 euros et une autre seulement 7 ? Comment une bouteille peut-elle atteindre 19 000 euros dans une vente aux enchères (à New York chez Sotheby's le 19 novembre 1999 pour du château lafite 1811) ? Le prix du vin dépend de nombreux facteurs : la notoriété de la région/du producteur/du millésime (ainsi que l'avidité des acheteurs, persuadés d'acquérir respect et prestige en faisant monter les enchères), le coût du raisin et de la main-d'œuvre, les remboursements d'une cuve de fermentation informatisée ou d'une nouvelle cave, la stratégie du producteur et/ou du négociant, les frais de transport, de mise en bouteilles, d'étiquetage, de marketing, sans parler des taxes diverses.

Dans ces conditions, on ne peut affirmer que le prix du vin correspond à sa qualité. En effet, toutes sortes de facteurs peuvent influer sur le prix : les coûts de production différents selon les pays (notoirement très bas en Amérique du Sud), les fluctuations monétaires (pas toujours répercutées sur le consommateur) ou les événements politiques (la chute du communisme en Europe de l'Est a laissé des stocks énormes en Bulgarie et Hongrie), etc.

Prenons le raisin. Les prix sont fixés à l'année et prennent en compte l'offre, la demande, les spécificités de chaque millésime, la variété du fruit et sa teneur en sucres – la plupart des domaines vinicoles ne cultivent pas leur propre raisin.

Dans la plupart des régions, un organe représentatif surveille les prix du raisin – bien qu'aux États-Unis les producteurs puissent négocier individuellement avec les caves. La teneur en sucres est le critère de qualité le plus courant. Dans les climats frais, les meilleurs raisins sont ceux dont le poids du moût est le plus élevé (dans les climats chauds, comme les teneurs en sucres montent facilement, d'autres facteurs entrent en ligne de compte).

Les caves les plus dynamiques récompensent les producteurs des meilleurs fruits, et certaines vinifient ce raisin à part, imposant des prix plus élevés pour les vins produits à partir du meilleur lot d'un vignoble particulier.

Toujours dans le vignoble, le prix du terrain constitue aussi un facteur de coût. La région – ou même le vignoble – est déterminante pour la qualité du vin et, en règle générale, plus la qualité du vin est élevée, plus le prix du terrain est élevé. Le prix à l'hectare varie considérablement dans le monde : pour un bon site déjà planté de la vallée de Napa, en Californie, comptez au moins 225 000 euros, tandis qu'un terrain propice sur le fameux sol terra rossa de Coonawara, en Australie, ne vous coûtera pas plus de 50 000 euros l'hectare.

L'Argentine elle-même n'est plus une option à moindre prix – à Tupungato, nouvelle zone au climat frais de Mendoza, les prix ont fait un bond (et continuent de monter) de 470 euros à 4 700 euros l'hectare en moins de cinq ans, en raison de l'arrivée des investisseurs étrangers.

La qualité des vins vendus aux enchères est normalement garantie, mais les prix dépendent d'un mélange complexe de facteurs.

Conservation et rangement

En vacances, au restaurant, vous goûtez un vin. Il vous plaît et vous décidez d'en rapporter deux bouteilles. Quelques mois plus tard, le souvenir de la première dégustation toujours présent à l'esprit, vous débouchez une bouteille pour des amis… Horreur! Le vin a l'odeur et le goût du vinaigre – il a été mal conservé. Quel gâchis! Alors qu'il aurait suffi de suivre quelques règles simples pour éviter une telle déception.

Quand conserver le vin?

Aujourd'hui, la plupart des vins sont faits pour être bus jeunes, et plus de 90 % de tout le vin acheté est effectivement bu dans les deux jours. On ne conserve plus guère le vin. Néanmoins, quand on voit le rythme auquel l'intérêt pour le vin se développe, on ne devrait pas tarder à voir réapparaître les caves creusées dans les jardins.

Les techniques de vinification ont changé, l'objectif étant désormais d'obtenir un maximum de fruité pour un minimum de tanins, de sorte qu'il n'est plus nécessaire d'attendre cinq ans ou plus pour que le vin soit prêt à boire. En fait, à présent, plus le vin est conservé longtemps, plus il se dégrade, car le fruité frais et perçant disparaît si le vin est laissé trop longtemps en bouteilles – seuls les premiers 10 % des rouges et 5 % environ des blancs se bonifient après cinq ans, et seul 1 % passera

La cuisine, avec ses variations constantes de température et d'humidité et son ensoleillement souvent direct, n'est vraiment pas l'endroit idéal pour stocker du vin.

dix ans ou plus. Dans ces conditions, comment savoir quels vins garder et lesquels boire ?

Les étiquettes au dos des bouteilles donnent généralement de bons conseils à ce sujet. Quant aux vins plus chers, les cavistes et vendeurs de supermarché oublieront souvent de vous recommander la mise en cave, et leurs vins les plus coûteux risquent, le soir même, de ne vous procurer qu'un plaisir minimal : ces vins sont encore beaucoup trop tanniques et peu fruités, et ont besoin de temps pour se développer.

En règle générale, on dit que plus une bouteille est chère, plus elle se bonifiera avec l'âge : après cinq ans ou plus, l'équilibre des saveurs fruitées et du caractère vieilli en bouteilles rendra le vin savoureux. Cela dit, certains apprécient vivement le premier fruité tannique et vigoureux d'un jeune cabernet.

Où conserver le vin ?

Tout d'abord, la manière dont le vin est conservé influe sur la manière dont il vieillit. Si la température change constamment et que le vin est exposé à la lumière, il vieillira prématurément. S'il est soumis à des températures très basses pendant plusieurs mois, il ne se développera pas convenablement. De même, les grandes chaleurs causent des dégâts indescriptibles (par exemple lorsqu'une palette est laissée trop longtemps sur un tarmac écrasé de soleil) ; les bouteilles peuvent notamment « pleurer » (le vin suinte à travers le bouchon), et elles sont alors irrémédiablement gâchées.

Tout cela peut paraître contradictoire, mais il ne faut pas perdre de vue que le vin vit et respire, et que les traitements subis

PETIT GUIDE DE STOCKAGE DU VIN

BLANCS À GARDER CINQ ANS OU PLUS

Sémillon
Riesling
Chenin blanc de Loire (les vendanges tardives des plus récents devraient même vieillir plus longtemps)
Vins doux botrytisés
Bourgogne blanc grand cru

BLANCS À CONSOMMER SANS ATTENDRE

Vins de cépage bas de gamme
La plupart des vins de pays
Rosés
Asti et moscato spumante
Tous les « vins de table »
Tous les vins en pichets, cartons ou bidons
Manzanilla et xérès fino
Albariño
Pinot grigio
Beaucoup des blancs italiens
Vinho verde portugais

ROUGES À GARDER CINQ ANS OU PLUS

Shiraz
Nebbiolo
Beaucoup des rouges portugais – notamment ceux du Douro
Madiran
Médoc
Graves
Cabernet-sauvignon – surtout le californien
Hermitage
Super-tuscans
Brunello di montalcino
Barolo
Barbaresco
Amarone
Ribera del duero
Porto vintage

ROUGES À CONSOMMER SANS ATTENDRE

Tous les « vins de table » ou vins de pays
Tous les vins en pichets, cartons ou bidons
Vins nouveaux
Rouges allemands
Rouges d'Alsace
Rouges de la Loire
Dolcetto
Lambrusco
Beaucoup des rouges d'Europe orientale
Porto ruby

Dans la cave, évitez à tout prix de stocker les bouteilles debout et contrôlez soigneusement température et humidité.

en modifient le goût. Nous ne parlons pas pas ici du vin acheté pour être bu le lendemain ou la semaine suivante, mais des bouteilles à garder quelque temps – de plusieurs semaines à plusieurs années.

Le processus de développement du vin dans la bouteille reste en partie mystérieux, mais la recherche a montré que des températures inférieures à 5 °C et supérieures à 20 °C constituent une menace pour ce développement – un vin conservé à une température plus élevée atteindra plus rapidement sa maturité. Ce qui ne veut pas dire que, lorsqu'on est pressé de le boire, un vin tannique doit être gardé au chaud pour « aider » son évolution, ni que les bouteilles doivent être posées sur le réfrigérateur (ou, pis, sur la cuisinière) – comme on le voit souvent –, où les bouffées d'air chaud sont fréquentes et les vibrations constantes : de la fraîcheur, un peu de calme et de l'obscurité, voilà ce dont un vin a réellement besoin.

Quelle est la bonne température? Inférieure à la température ambiante normale, soit entre 10 et 15 °C. Pour ceux qui ont la chance de posséder une cave, ce sont les variations saisonnières inévitables. Elles sont loin d'affecter autant le vin que les fluctuations quotidiennes, à l'origine de dilatations et contractions permanentes dans la bouteille, elles-mêmes sources de problèmes au niveau du bouchon, qui peut finir par fuir et laisser se déposer une épaisse couche de viscosités tout autour.

Investir dans une armoire réfrigérante à température contrôlée pour stocker son vin met fin à toute préoccupation de cet ordre.

Stockez les bouteilles couchées pour laisser le vin en contact avec le bouchon et ainsi éviter que ce dernier ne sèche et ne se contracte.

Pour le garder à la cave ou sous l'escalier, un thermomètre est un bon investissement : repérez les endroits plus chauds ou plus froids, et isolez en conséquence.

L'humidité est également un facteur important – du moins pour le bouchon. C'est la raison pour laquelle on couche les bouteilles : s'il se déshydrate, le bouchon est susceptible de se contracter; le contact du vin lui évite de sécher. Le taux d'humidité idéal dans une cave devrait être de 75 % environ. S'il est trop élevé, les étiquettes risquent de se décoller et les casiers métalliques de rouiller. S'il y a une odeur de moisi, repérez l'endroit humide et couvrez-le de résine ou d'un revêtement en béton à joints polyuréthanne contre la moisissure, ou couvrez le sol d'une couche de sable sec.

Si l'humidité est insuffisante, achetez un humidificateur ou improvisez-en un avec un récipient rempli de sable humide.

Et l'obscurité? La lumière nuit au vin, surtout celle du soleil. Outre qu'elle dessèche les bouchons et décolore les étiquettes, elle fait vieillir le vin trop rapidement. Pensez-y lorsque l'envie vous démange de saisir une bonne bouteille sur les rayons d'un magasin brillamment éclairé.

Possibilités de stockage

Nous sommes peu nombreux à avoir la chance de disposer d'une cave. De plus, les habitations modernes ne facilitent pas la conservation du vin, car le chauffage central ou, pis, les vibrations d'un lave-linge ou d'un congélateur peuvent gâter une bouteille conservée plus de deux semaines dans la cuisine.

Dans un petit logement, le moindre coin non utilisé – un placard, une ancienne penderie, le dessous d'un escalier – peut être adapté. Il suffit qu'il soit sombre, frais, sec et éloigné de toute source de vibration (réfrigérateur, notamment). Couchez les bouteilles pour en garder les bouchons humides et gonflés, et garantir l'étanchéité.

À défaut d'espace disponible, on peut acheter une armoire à vin chez un spécialiste. La température y est supérieure de 4 °C à celle d'un réfrigérateur et certains modèles contiennent jusqu'à 250 bouteilles. Les plus perfectionnées de ces armoires offrent en bas une température plus basse pour le stockage à long terme et, en haut, une température de service pour le vin de tous les jours.

Autre solution : emprunter un coin de cave chez un ami (veillez alors à « encager » les bouteilles pour prévenir tout soupçon d'indélicatesse mutuelle !).

Pour stocker plus de 250 bouteilles, vous pouvez louer un espace chez un professionnel – le négociant qui vous a vendu le vin ou un spécialiste de l'entreposage des bouteilles. Dans ce cas, outre le prix de location, qui dépend de la quantité de vin (et des bonnes relations avec le négociant-loueur), prévoyez une assurance. Vos bouteilles seront séparées du stock du loueur et clairement identifiées. Par ailleurs, comme il n'est possible de puiser dans cette réserve qu'aux heures d'ouverture du magasin ou de l'entrepôt, mieux vaut y déposer les bouteilles à faire vieillir et garder à la maison celles prêtes à être bues.

Vous pouvez aussi transformer un débarras en cave de plain-pied (très chic), des panneaux de polystyrène assurant l'isolation. Ou encore acheter une très grande armoire à vin à température contrôlée (plus cher).

Les heureux propriétaires d'un jardin peuvent creuser un trou et y installer une cave « en spirale » : inventée en 1978 par George Harnois, elle est en béton précontraint, livrée avec escalier et casiers à bouteilles, et ne coûte pas si cher que ça. On peut l'installer sous le garage ou dans une cabane à outils.

Et le garage ? Seulement à condition de bien l'isoler des variations de température et des odeurs. Quant aux abris de jardin, ils sont à éviter absolument.

Le rangement des bouteilles

Tous ceux qui ont décidé de faire les choses sérieusement en matière de vin trouveront ici quelques conseils pour organiser leur cave. Les possibilités sont infinies. On peut ranger le vin par styles : les rouges charnus, les rouges légers, les mousseux, les blancs aromatiques, les blancs vifs et secs, de sorte que, une fois décidé le menu d'un dîner, il suffit de se servir. Autre possibilité : ranger les vins par régions.

Quel que soit le classement choisi, n'oubliez pas de placer les vins à faire vieillir au fond ou aux endroits difficiles à atteindre, et ceux prêts à boire, à portée de main.

Si beaucoup de bouteilles doivent vieillir longtemps, envisagez de leur réserver un autre espace. Un truc : pour protéger les étiquettes de l'humidité, les vaporiser de laque à cheveux non parfumée.

Le mode de rangement le plus populaire et le moins onéreux consiste à poser les bouteilles dans des casiers en bois modulables fixés par des languettes de métal

galvanisé, mais on peut aussi opter pour le tout-bois ou la terre cuite. Les caves à l'ancienne possèdent de larges étagères où empiler jusqu'à dix bouteilles. Elles datent de l'époque où l'on achetait un seul vin en fût. C'est moins pratique aujourd'hui, où l'on se contente souvent d'acheter une caisse, voire une seule bouteille à la fois.

Le livre de cave

Tenir un livre de cave permet de retrouver directement la bouteille recherchée et de se souvenir des cépages qui la composent, des mets qu'elle a déjà accompagnés, de la date de la dernière dégustation et de l'avis que les convives avaient alors rendu. Les plus pointilleux y préciseront le rendement et la vinification, voire noteront où et quand la bouteille a été achetée, à quelle occasion, son prix, ce que les critiques en disaient et le moment prévu pour son ouverture.

N'oubliez pas que la taille de la bouteille détermine la durée du vieillissement : le vin évolue plus lentement dans un magnum (1,5 l) ou dans toute autre grande bouteille – regroupées dans le commerce

Les bouteilles peuvent être classées par région ou par style, et il est conseillé de placer celles qui sont prêtes à être bues aux endroits les plus accessibles.

sous le nom de grand format – que dans une bouteille de 75 cl, et plus rapidement dans une demi-bouteille (37,5 cl). La raison en est encore inconnue, mais certains pensent que le contact plus important avec l'air (dû au volume plus important) ralentit le processus de maturation. Cependant, les bouteilles géantes de champagne répondent davantage à des objectifs commerciaux qu'à un souci d'une meilleure évolution du vin (toutes les tailles supérieures au magnum sont généralement remplies d'un vin élaboré dans des bouteilles plus petites).

Au sujet de la taille des bouteilles : la plus grande est le nabuchodonosor, un monstre équivalant à 20 bouteilles que l'on trouve en Champagne et en Bourgogne. Pour compliquer les choses, ce que l'on appelle double-magnum à Bordeaux est un jéroboam en Champagne, alors qu'un jéroboam bordelais correspond à un réhoboam (la taille supérieure) champenois.

le monde du vin

Comme le vin reflète toujours sa région d'origine, nous vous proposons donc un tour du monde du vin, en commençant par le Royaume-Uni. Sans être des acteurs majeurs du vin, les Britanniques font des efforts – et leur mousseux a des qualités. Nous traverserons ensuite la France, l'Espagne, l'Italie, le Portugal, l'Allemagne et l'Autriche, avant de faire un tour rapide en Europe orientale, au Moyen-Orient, en Afrique du Sud et en Australie, avec un détour par la Nouvelle-Zélande et une incursion en Amérique du Sud. Nous finirons par les États-Unis, le Canada et les autres pays viticoles. Certaines régions sont mises en vedette ; les symboles ci-dessous indiquent alors leurs styles de vins.

Rouge Blanc Rosé Mousseux Doux Muté

Angleterre et pays de Galles

Si étonnant que cela paraisse, l'Angleterre produit des vins corrects, et même excellents. Au moins le vin pétillant : les sols de craie sont naturellement drainés, et le climat favorise l'acidité. Quant au rouge, on trouve du pinot noir amateur de climat frais pour la production de mousseux, et des vins tranquilles acceptables issus de ce cépage commencent à émerger. Avec du temps et de l'expérience, on pourrait voir arriver des vins de grande classe.

La viticulture ne date pas d'hier en Angleterre. Au XIe siècle, on y compte 38 vignobles, dont certains dans des régions aussi septentrionales que le Yorkshire, et les vins du Worcestershire sont renommés.

Ce sont sans doute les Romains qui ont introduit la vigne dans le pays. Ils ont certainement pressé le raisin pour en faire du vin, à en juger par les coupes en terre mises au jour dans certains sites. La vigne a prospéré jusqu'à ce que le climat commence à changer.

Au XIIe siècle, Henri II acquiert la Gascogne par son mariage avec Aliénor d'Aquitaine – et les Anglais affectionneront longtemps, à vrai dire jusqu'à nos jours, les riches terres viticoles du Sud-Ouest français.

Il n'existe aucune région viticole officiellement délimitée en Grande-Bretagne, mais les vignobles, indiqués ici par des points, ne sont établis qu'en Angleterre et au pays de Galles.

La récolte du pinot noir dans les North Downs vallonnées de Dorking, dans le Surrey.

Le premier vignoble industriel a été créé vers 1950 à Hambledon (Hampshire). D'autres ont suivi, et l'on compte aujourd'hui 872 hectares de vigne et 114 producteurs. L'activité vinicole se professionnalise de plus en plus, au niveau des méthodes de production comme de l'état d'esprit – suscitant l'intérêt des touristes, d'autant plus que les caves anglaises et galloises sont nombreuses à ouvrir un restaurant en plus des points de vente et à proposer des promenades dans le vignoble ou des visites (parfois interactives) des sites de production.

S'il n'a guère fait jusqu'à présent pour encourager la viticulture, le gouvernement vient cependant de lui accorder ses premières subventions – minimes.

Les vins blancs anglais ont un goût typique de fleur de sureau, de pomme et de groseille à maquereau avec un zeste de pamplemousse en finale. Certains sont vinifiés *off dry,* mais les styles plus secs gagnent du terrain. Quelques vins, vieillis en chêne, sont généralement moins réussis, car leur délicat fruité est alors complètement étouffé. Sinon, les méthodes de vinification ne diffèrent guère de celles des autres pays d'Europe du Nord.

Les cépages

Les plus plantés sont le müller-thurgau, le reichensteiner et le seyval blanc, peu à peu remplacés par le chardonnay, le pinot blanc, le bacchus et le dornfelder, auxquels s'ajoutent quelques autres variétés, du pinot noir au schönburger. Les cépages rouges ont généralement du mal à mûrir en raison de l'ensoleillement insuffisant, et les viticulteurs recourent alors à des techniques telles que les tunnels de plastique.

Les régions

La Grande-Bretagne ne compte pas de régions viticoles officiellement délimitées, mais on n'y cultive la vigne qu'en Angleterre et au pays de Galles – du Durham au nord à la Cornouailles au sud. Le vignoble n'est présent que dans six comtés. Les clés de la production viticole sont le choix des sites et la gestion du feuillage (voir p. 153). Les principaux handicaps, en revanche, sont la rareté de l'ensoleillement et l'excès de pluie. Tout ce qui peut être fait pour compenser ces points faibles est entrepris.

La qualité

La classification officielle n'existe que depuis 1992, avec la création du Quality Wine Scheme. Les vins qui obtiennent ce titre peuvent faire figurer *English Vineyards Quality Wine psr* (ou *Welsh Vineyards...*) sur leur étiquette (*« psr »* signifiant *produced in a specific region*). Cependant, la législation européenne interdit le statut de vin de qualité aux cépages hybrides (comme le seyval blanc), d'où l'introduction en 1997 du Regional Wine Scheme : les vins dotés de ce label peuvent porter la mention *English Counties Regional Wine.*

France

La France a aujourd'hui dégringolé de son piédestal. Pendant des siècles, les grands noms des régions classiques ont régné sans partage – jusqu'à ce que le reste du monde découvre que l'univers du vin ne se limitait pas à Bordeaux et à la Bourgogne. Depuis, les élèves du Nouveau Monde ont dépassé leurs maîtres avec des vins faciles à boire et de qualité fiable. Les Français, après un moment de nombrilisme, ont réagi : ils ont remis de l'ordre dans leurs caves, installé des cuves en acier inoxydable et élaboré de nouvelles stratégies. Le résultat : un progrès considérable à tous les niveaux.

Les cépages

De nombreux cépages sont cultivés en France, différents selon les régions.

La plupart des bordeaux rouges sont des assemblages de trois à cinq cépages : cabernet-sauvignon, cabernet franc, merlot, petit verdot et malbec. Les blancs comprennent le sauvignon blanc et le sémillon. En Bourgogne, le pinot noir et le gamay dominent, tandis que le chardonnay règne sur les blancs. Les champagnes sont tous composés de trois cépages : chardonnay, pinot noir et pinot meunier. Dans la vallée du Rhône, on cultive treize variétés, dont la syrah, le grenache, le mourvèdre et le viognier. L'Alsace est vouée aux cépages français et allemands : gewurztraminer, riesling, pinot gris… La vallée de la Loire est plantée des cépages bordelais et bourguignons, tels le sauvignon blanc et le cabernet franc. Enfin, dans le Sud,

Les régions

1. Bordeaux
2. Bourgogne
3. Champagne
4. Alsace
5. Val de Loire
6. Vallée du Rhône
7. Jura et Savoie
8. Sud-Ouest
9. Languedoc-Roussillon
10. Provence

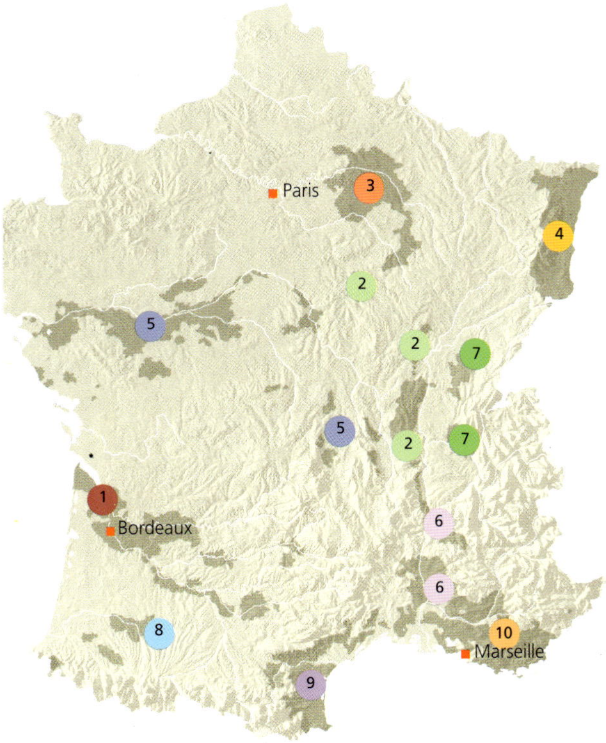

Les vignobles de Provence sont creusés dans le calcaire et les forêts de pins éclaircies.

les cépages sont nombreux : les principaux rouges sont le cabernet-sauvignon, le merlot et le mourvèdre ; les principaux blancs, le sauvignon blanc, le petit et le gros manseng.

Les régions

La France réunit les conditions idéales pour la viticulture, du Nord frais aux sols calcaires au Sud ensoleillé aux senteurs de thym.

Champagne

Sans ses bulles, le champagne serait imbuvable, car la latitude de la région entraîne des taux d'acidité élevés dans le raisin, même parfaitement mûr – mais associer le vin tranquille à des levures et à une minuscule quantité de sucre donne un résultat fin et équilibré. Composée des collines autour de Reims et d'Épernay, la Champagne est divisée en quatre zones : Montagne de Reims, côte des Blancs, vallée de la Marne et vallée de l'Aube.

Le champagne est presque toujours un assemblage de raisins cultivés dans ces zones. Les bulles, selon la légende, auraient pour origine une erreur : vers 1660, un moine bénédictin appelé Dom Pérignon n'aurait pu contrôler la fermentation de son vin à cause du temps trop incertain et n'aurait su se débarrasser de bulles persistantes – qu'à sa grande honte la haute société parisienne allait adorer.

La plupart des maisons de champagne produisent surtout du non-millésimé, l'objectif étant de conserver un style uniforme par l'assemblage de plusieurs millésimes. Le champagne millésimé n'est déclaré que les meilleures années. Quant aux cuvées de prestige, elles sont assemblées à partir des meilleurs vins et vendues dans des bouteilles de fantaisie – à des prix tout autant fantaisistes.

En Alsace, les vignobles bien soignés à flanc de coteau et les villages de contes de fées rappellent les paysages allemands.

Alsace

Les collines d'Alsace, couvertes d'épaisses forêts, sont piquetées de villages de contes de fées. La région évoque l'Allemagne, non sans raison, puisqu'elle a été annexée à ce pays à plusieurs reprises. Les vins, reflet de cette histoire, sont issus en partie de cépages allemands – ils sont néanmoins plus alcoolisés et plus secs que les vins allemands. Les meilleurs possèdent un goût distinct de terroir (voir p. 173). D'une incroyable diversité, les sols alsaciens sont, pour les premiers, classés « grands crus ». Les « vendanges tardives » sont délicieux, et les « sélections de grains nobles » sont d'excellents vins doux, mais rares et chers. L'Alsace produit aussi un bon pétillant, le crémant d'Alsace.

Val de Loire

La vallée dont Tours est le cœur s'étend de part et d'autre du plus long fleuve de France et s'enorgueillit de prestigieux châteaux de la Renaissance. La région peut être divisée approximativement en quatre zones : le Pays nantais à l'embouchure du fleuve, l'Anjou, la Touraine et la haute vallée de la Loire. Le muscadet du Pays nantais, neutre et peu alcoolisé, est parfait avec les huîtres de la région – cherchez les bouteilles portant la mention « muscadet de Sèvre-et-Maine » et toujours « sur lie », qui indique que le vin a été laissé en contact avec ses lies, ce qui lui donne plus de profondeur. En Anjou, oubliez le rosé d'anjou au profit des anjou-villages et anjou-blancs, les meilleurs rouges étant ceux de Saumur-Champigny. En Touraine, choisissez des rouges de Bourgueil et de Chinon ou, pour un vin doux, du vouvray issu de chenin blanc. Enfin, la haute vallée de la Loire est le berceau des célèbres sancerre et pouilly-fumé, âcres et relevés, ou des menetou-salon et reuilly, plus légers.

Bourgogne

La Bourgogne possède le système de classification le plus compliqué de tous, et une vie entière ne suffit pas pour saisir toutes les nuances de son terroir. On distingue les appellations générales (voir p. 172), comme Bourgogne rouge, et les appellations régionales, telle Chablis. Les vins de villages portent le nom des meilleurs villages, par exemple Meursault. Ils sont suivis des premiers crus : deuxièmes meilleurs vignobles de chaque village – le village vient en premier, comme pour Meursault-Charmes. Enfin, les grands crus, le *nec plus ultra,* n'ont même pas besoin de mentionner le nom du village. Comme le vignoble est divisé en de nombreux petits exploitants, les négociants ont toujours fait la loi dans la région. Néanmoins, les meilleurs vins viennent à présent de producteurs mettant eux-mêmes en bouteilles.

La Bourgogne doit son caractère unique à la complexité de sa géologie qui entraîne des variations surprenantes entre des vignobles parfois très proches. Les bourgognes rouges vont du fruité de groseille léger et parfumé (santenay) au goût de cassis plein, solide (gevrey-chambertin). Les meilleurs blancs sont très structurés, de la riche luxuriance du meursault au goût de pierre à fusil des puligny-montrachet et chassagne-montrachet.

La région commence au nord avec le chablis métallique. La Côte d'Or en occupe le centre, du sud de Dijon à Santenay, et produit les plus grands vins dans de modestes villages et de petites villes comme Beaune. La Côte Chalonnaise et le Mâconnais viennent ensuite et donnent des fruits moelleux et faciles, puis le Beaujolais, dont les meilleurs vins (les crus) possèdent profondeur et consistance – rien à voir avec le vin nouveau.

À l'est, le Jura et la Savoie méritent l'attention. Les blancs du premier, notamment, possèdent un piquant de noix unique, tandis que la seconde cultive un cépage intéressant appelé altesse.

Nord de la vallée du Rhône

Le Rhône s'enorgueillit de vignobles sur presque toute sa longueur – de sa source dans les Alpes suisses à son embouchure, près de Marseille. La diversité des vins est, bien sûr, stupéfiante. La vallée est divisée en nord et sud. Les vignobles du nord occupant des terrasses de granit escarpées donnent les meilleurs vins de la vallée : la syrah parfumée de Côte-Rôtie est aujourd'hui aussi chère que les premiers bordeaux et bourgognes dans ses deux styles, côte blonde et côte brune.

Un peu plus bas, les deux petites AOC (voir p. 97) de blanc Condrieu et Château-Grillet cultivent le viognier, cépage culte au somptueux fruité d'abricot.

Encore plus bas, Saint-Joseph est synonyme de rouges légers et moelleux.

Hermitage et Crozes-Hermitage suivent. La première produit l'un des plus grands vins rouges du monde – une syrah qui a besoin d'au moins dix ans pour s'épanouir. Les vins sombres et riches de Cornas sont autant de mini-hermitages. Saint-Péray clôt le nord de la vallée du Rhône avec, curieusement, un talent pour les blancs pétillants.

Sud de la vallée du Rhône

Le paysage change totalement dans la partie sud du Rhône, où de vastes plaines s'étalent à perte de vue. Les vins eux aussi sont différents. Le fruit, un éventail de cépages, mûrit facilement sous le soleil brûlant de l'été. La plupart des vins sont regroupés

Saumur, principale cité viticole sur la Loire.

dans l'appellation Côtes du Rhône, qu'ils soient rouges, blancs ou rosés. L'AOC suivante, les Côtes du Rhône-villages, rassemble seize villages. L'appellation la plus prestigieuse de la partie sud de la vallée est sans conteste Châteauneuf-du-Pape, qui donne des rouges débordant de framboise et une poignée de blancs au goût de pêche. Gigondas aussi fait de bons rouges et rosés, suivi de près par Vacqueyras, tandis que Lirac et Tavel sont célèbres pour leurs rosés. Enfin, pour un pétillant au parfum de pomme, essayez la clairette de Die de la vallée de la Drôme.

Le grenache noir, cépage le plus répandu de la région, prospère sur le sol caillouteux brûlé par le soleil du sud de la vallée du Rhône.

Bordeaux

Bordeaux est la première région productrice de vins fins de France. Les rouges, les plus prisés, font référence dans le monde entier. La région n'en connaît pas moins des problèmes. Une mauvaise presse (essentiellement de critiques britanniques) sur la forte hausse des prix et la baisse de la qualité (sans parler de la concurrence croissante du Nouveau Monde) a fait chuter les ventes. Les choses sont enfin en train de changer – le Conseil interprofessionnel du Vin de Bordeaux, organe régulateur, a annoncé des progrès.

La Gironde traverse le cœur de la région. Il suffit d'un coup d'œil aux noms des châteaux – Smith-Haut-Lafite, Lynch-Bages, Palmer – pour pénétrer dans l'histoire locale et s'imaginer les familles anglaises, écossaises et irlandaises qui ont commencé à cultiver ici la vigne. Bordeaux a même appartenu aux Anglais pendant un long moment – trois cents ans à partir de 1152, lorsque le roi Henri II épousa Aliénor d'Aquitaine. Il faudra néanmoins attendre que les Hollandais drainent les marécages qui allaient devenir les vignobles du Médoc au XVIIe siècle pour que les choses prennent vraiment leur essor – les grands châteaux datent de cette époque.

Les vins varient énormément. Un hectare de vignoble peut différer totalement de son voisin par le choix du cépage, le microclimat, le sol et, bien sûr, la personnalité du propriétaire. Les appellations de base sont Bordeaux rouge, Bordeaux blanc et Bordeaux supérieur, soumise à des critères légèrement plus rigoureux. De vastes zones, comme le Médoc, les Graves, Pessac-Léognan ou Saint-Émilion, et de plus petites, tel Pomerol, possèdent leurs propres AOC.

Les classifications sont multiples à Bordeaux. Les premiers châteaux du Médoc et un des Graves, Haut-Brion, ont été classés en cinq catégories par les négociants bordelais en 1855 – du cinquième cru au premier cru, par ordre croissant ; ensuite viennent les crus bourgeois (voir p. 70).

Provence et Corse

La Provence est loin de se limiter au rosé connu de tous les vacanciers. En fait, les progrès ont été rapides dans la région, et on y trouve désormais des producteurs ambitieux aux vins de grande classe – il suffit de voir ce qui se passe à Bandol. Certains des meilleurs vins de Provence viennent de cette minuscule appellation qui donne des rouges denses et truffés (mais chers) et des rosés pleins de caractère. Les Coteaux varois aussi sont tout à fait corrects, ainsi que les appellations de Cassis, Bellet, Palette, Coteaux d'Aix-en-Provence et Les Baux-de-Provence. L'essentiel du vin de Provence est cependant étiqueté Côtes de Provence, mais alors la qualité est rare.

Toujours dans le Sud-Est, la Corse mérite une mention : elle a progressé récemment avec de bons vins sous les appellations Patrimonio ou Ajaccio.

Languedoc-Roussillon

Naguère connu pour produire en masse du vin ordinaire, le Languedoc-Rousillon n'en a pas moins fourni des vins plutôt fascinants ces derniers temps. La région s'étend de Montpellier jusqu'au-delà de Perpignan et groupe les départements de l'Aude, du Gard, de l'Hérault et des Pyrénées-Orientales. De grands vins commencent à y émerger, issus de cépages traditionnels, comme la syrah, ou de cabernet-sauvignon et chardonnay, et utilisant les réglementations des vins de pays pour contourner les restrictions des AOC.

Autres régions du Sud-Ouest

Les rouges et blancs de Bergerac et Buzet sont issus des mêmes cépages que ceux de Bordeaux et de qualité comparable, mais moins chers. Pour les tanins, choisissez un cahors, désormais accessible. Le gaillac existe en toutes couleurs, mais les blancs sont les plus connus. Madiran fait des rouges intéressants à partir de tannat, tandis que Jurançon produit des blancs fascinants, de toutes les nuances, du sec au doux.

La classification

On distingue quatre classifications principales. La plus vaste et prétendument la meilleure, l'« appellation d'origine contrôlée » (AOC), indique que le vin vient de la zone mentionnée et qu'il est fait avec les cépages approuvés pour cette zone. Elle est suivie des « vins délimités de qualité supérieure » (VDQS) aux exigences analogues mais pour les régions non classées AOC. L'étiquette des « vins de pays », qui précise la provenance et parfois le cépage, est utilisée par les viticulteurs du Sud pour éviter les contraintes des appellations AOC. Enfin, les « vins de table » peuvent être issus de n'importe quel cépage de n'importe quelle origine et ne portent aucun millésime.

L'Hérault, en Languedoc, possède plus de vignobles que tout autre département.

Le mourvèdre prospère sur les terrasses de Château la Rouvière.

BANDOL

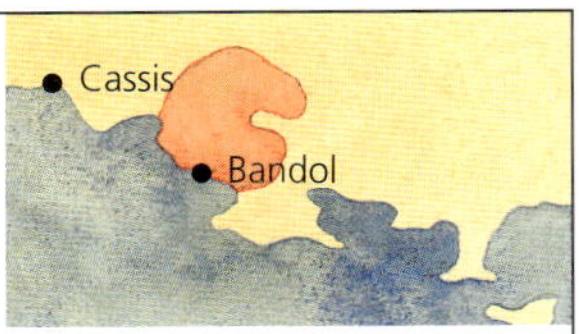

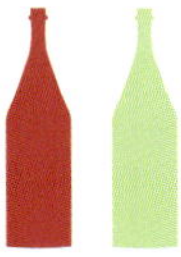

Perle de la Provence, cette minuscule AOC fait les meilleurs rouges de la région et certains des meilleurs rosés. Le mourvèdre, qui prospère inexplicablement ici (partout ailleurs il ne donne que des vins très ordinaires), domine avec des saveurs de truffe et de champignon en arrière du fruit noir et dense. L'appellation porte le nom du port d'où les vins étaient autrefois exportés dans le monde entier. Les vignobles occupent des terrasses face au sud et protégées du mistral. D'autres cépages sont cultivés, notamment le grenache et le cinsaut pour les rosés au goût de fines herbes. La région produit aussi des blancs, mais ce sont les rouges qui tiennent le haut du pavé.

Les rouges sont pour la plupart issus de cabernet-sauvignon.

PESSAC-LÉOGNAN

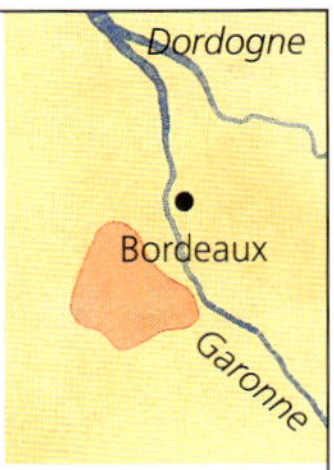

Rassemblant les meilleures parcelles des Graves, cette vaste appellation du sud de Bordeaux se caractérise par ses sols graveleux. Sa marque de fabrique, l'appellation Pessac-Léognan, n'a été créée qu'en 1987 et englobe toutes les propriétés désignées « Graves crus classés » en 1959. Les rouges sont pour la plupart issus de cabernet-sauvignon avec un peu de merlot et de cabernet franc, et les notes de dégustation vont du bacon fumé aux briques chaudes.

Les blancs, à base de sauvignon blanc et de sémillon, cultivés sur les zones sablonneuses du vignoble, sont puissants et peuvent vieillir dix ans ou plus.

Le château est peut-être en ruine, mais le vignoble papal, lui, prospère toujours sur le sol rocailleux.

CHÂTEAUNEUF-DU-PAPE

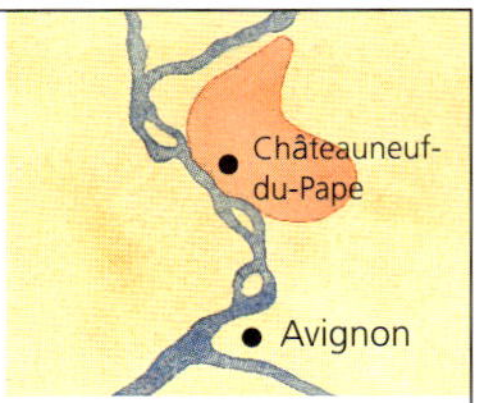

Châteauneuf-du-Pape produit le meilleur vin du sud de la vallée du Rhône. Quand il est bon, il l'est vraiment, avec un fruité de framboise moelleux et cendré. Le nom rappelle l'installation de la cour du souverain pontife en Avignon au XIVe siècle, rapidement suivie de la création d'un vignoble papal. Treize cépages ont le droit d'être cultivés, mais le grenache vient en tête : il domine les vignobles sur sols pauvres et donne des vins associant une forte concentration à son doux fruité habituel. Il existe une version de blanc produite entre autres à partir de grenache blanc, mais elle est assez rare et manque parfois d'acidité et de fruit.

Pour les blancs de Touraine, la fraîcheur est le mot clé.

TOURAINE

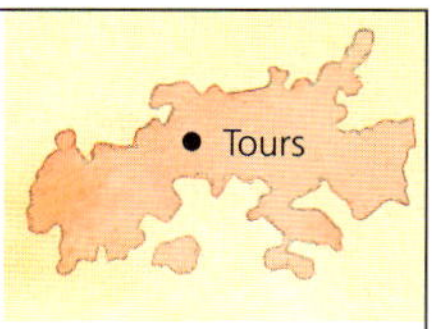

Surnommée à juste titre le « jardin de la France », la Touraine est la principale région viticole de la vallée de la Loire, centrée autour de la ville de Tours. Elle est renommée pour ses rouges des appellations Bourgueil, Chinon et Saint-Nicolas-de-Bourgueil, et pour ses blancs tranquilles et pétillants de Vouvray et Montlouis, secs ou doux. Le climat est très variable, nettement continental à l'est, tempéré par l'Atlantique à l'ouest. Si les deux parties cultivent un nombre important de cépages, sachez que le sauvignon blanc et le gamay poussent généralement à l'est – les plus célèbres sauvignons de la Loire sont ceux de Sancerre et Pouilly-Fumé.

Les vins de Madiran ont connu une véritable révolution depuis vingt ans.

MADIRAN

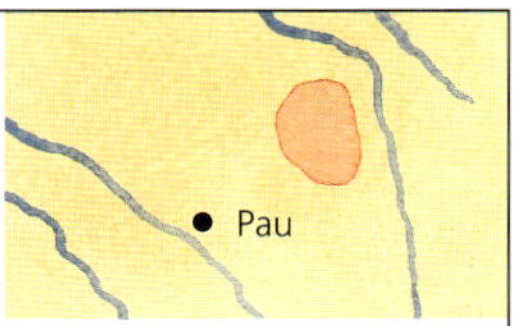

Madiran, l'une des régions françaises les plus dynamiques, a transformé ses rouges robustes et tanniques en vins épicés très intéressants. Le cépage rouge traditionnel, le tannat, domine les assemblages. Les viticulteurs ont tenté diverses méthodes pour attendrir les vins épais qu'il donne – dont la micro-oxygénation (technique permettant de contrôler l'aération du vin dans les cuves) – et produire des vins débordant de fruit, prêts à boire mais aussi à vieillir. Les blancs ont également du goût. Ils sont appelés Pacherenc du Vic-Bilh, nom gascon des assemblages piquants de cépages locaux comme le courbu et le petit manseng. Le vin jaune et profond peut être sec ou doux selon les millésimes.

Le clocher monte la garde sur les vignobles de gamay à Chiroubles, l'un des dix premiers villages du Beaujolais.

BEAUJOLAIS

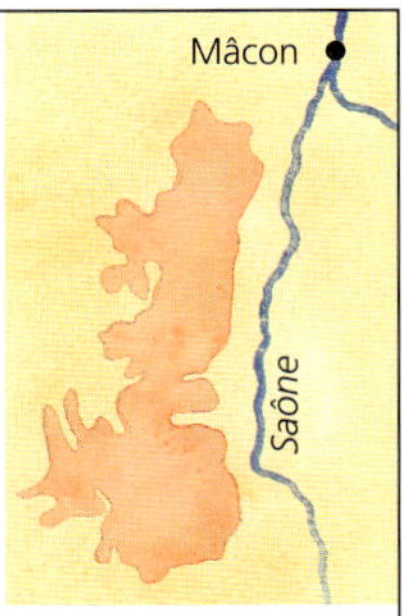

Oubliez le « beaujolais nouveau » et cherchez un beaujolais-villages ou même un cru du Beaujolais. La star de cette appellation bourguignonne est le gamay : il prospère dans les collines granitiques surplombant Lyon et donne un fruité très vif et facile à boire. Les meilleurs – les crus – sont des vins richement parfumés qui peuvent se bonifier en vieillissant (pas plus de deux ans toutefois). On distingue dix crus du Beaujolais : Brouilly, Côte de Brouilly, Regnié, Morgon, Chiroubles, Fleurie, Moulin-à-Vent, Chénas, Juliénas et, enfin, Saint-Amour. Ils sont tous différents et néanmoins tous issus de gamay.

Espagne

Le vin espagnol n'est pas d'un abord facile. L'Espagne est le troisième producteur mondial et n'a rien à envier à la France ou à l'Italie en termes de complexité. Pourtant, si beaucoup pensent connaître les rouges moelleux et chargés de vanille de la Rioja, restent amoureux du xérès et ont déjà débouché à l'occasion une bouteille de cava catalan, le reste ne commence à leurs yeux qu'à sortir de l'ombre.

Les choses ont bien changé en Espagne depuis dix ans. Le pays a beaucoup investi dans les nouvelles technologies et les nouveaux vignobles, faisant progresser la production viticole. Les vins bas de gamme se sont incroyablement améliorés – grâce à l'abondance de fruits alléchants et juvéniles.

Depuis toujours, le bois suscite ici l'admiration, mais, aujourd'hui, le pays s'est lancé tête baissée dans la viticulture moderne et l'éclat de son acier inoxydable. Fermentation basse et mise en bouteilles précoce sont les deux mots clés du moment, tandis que le long vieillissement en chêne est – sauf pour les grands vins traditionnels – en voie de disparition. Les vins espagnols de qualité sérieuse n'en ont pas moins inondé et agité le marché mondial.

Les régions

1 Rioja et Navarre
2 Catalogne
3 Jerez
4 Cava
5 Ribera del Duero
6 La Manche
7 Valdepeñas
8 Valence
9 Montilla
10 Bullas
11 Vinos de Madrid
12 Campo de Borja
13 Chacolí de Bizkaia
14 Autres DO

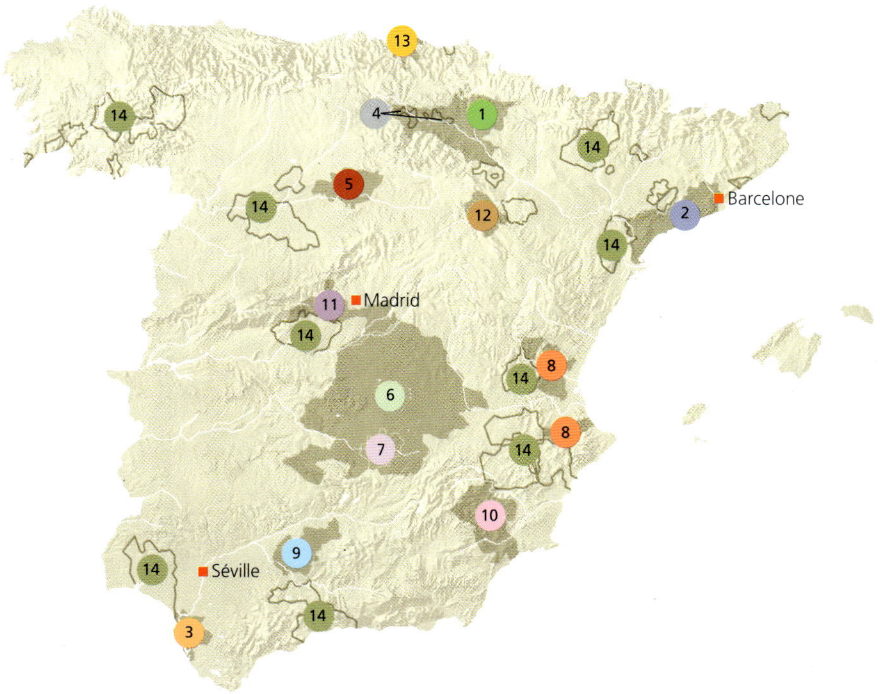

Le château catalan du XIe siècle Castillo de Milmando domine des vignobles plantés de chardonnay à perte de vue.

L'Espagne est un pays d'extrêmes qui se reflètent dans ses vins, de la verdure luxuriante de sa côte nord aux terres méridionales blanchies par le soleil. Les vins vont des blancs secs et légers dans la fraîche et atlantique Galice aux rouges lourds et alcoolisés dans le Levant et le Sud méditerranéen. L'Andalousie, au sud-ouest, occupe avec ses xérès une place à part.

L'Espagne, troisième producteur mondial de vin, possède le vignoble le plus étendu au monde – les rendements sont très bas, à cause de l'aridité du climat.

Les cépages

On compte plus de 600 cépages différents, mais 80 % du vignoble sont plantés d'à peine 20 % d'entre eux. Le grenache, ou garnacha, domine dans les zones de qualité. Le tempranillo est deuxième, suivi de près par le cariñena et le macabeo. L'albariño gagne du terrain en Galice, ainsi que le verdejo à Rueda. Enfin, on assiste dans certaines régions à une percée remarquable de cépages internationaux tels le cabernet-sauvignon, le merlot et le chardonnay.

Les régions

Elles sont nombreuses. Les principales régions exportatrices de Galice sont Rías Baixas et Ribeiro. Dans le Nord et le Centre, la Rioja vient en tête, et Ribera del Duero donne des vins parmi les meilleurs du pays avec Cigales – Toro et Rueda préparant leur entrée en scène. Au nord-est, les régions de Somontano et de Penedès sont pleines d'avenir. El Priorat titille le palais avec

Les vins de Ribero del Duero comptent aujourd'hui parmi les meilleurs d'Espagne.

Des cépages internationaux, tel le sauvignon blanc, réussissent assez bien en Catalogne.

ses rouges riches, tandis que, plus au sud, au cœur des vastes plaines, la Manche offre ses rouges moelleux et agréables, suivie de Valdepeñas. Enfin, Jerez, à l'extrême sud-ouest, et son fameux xérès complètent la liste.

La qualité

Les vins de garde rouges vieillis en chêne sont désignés comme *crianza, reserva* ou *gran reserva*. Au-delà, la classification suit à peu près les mêmes règles que dans les autres pays de l'Union européenne. *Vino de Mesa* signifie vin de table, et *Vino Comarcal,* une appellation de vin régional accordée à certains produits de bonne qualité ne faisant pas partie d'une DO. *Vino de la Tierra* est un vin de pays ; *Denominación de Origen* (DO) est l'équivalent des AOC françaises – il en existe 56, mais de nouvelles sont créées chaque année ; enfin, *Denominación de Origen Calificada* (DOC) correspond aux DOCG italiennes et concerne les premières DO de qualité historique – une seule région en bénéficie aujourd'hui : la Rioja.

Les influences conjuguées des montagnes et de l'océan sur le climat jouent un rôle central pour la croissance et la maturation du vignoble de la Rioja.

Ici, le cépage tempranillo est connu sous le nom de *tinto del país*, rouge du pays.

RIBERA DEL DUERO

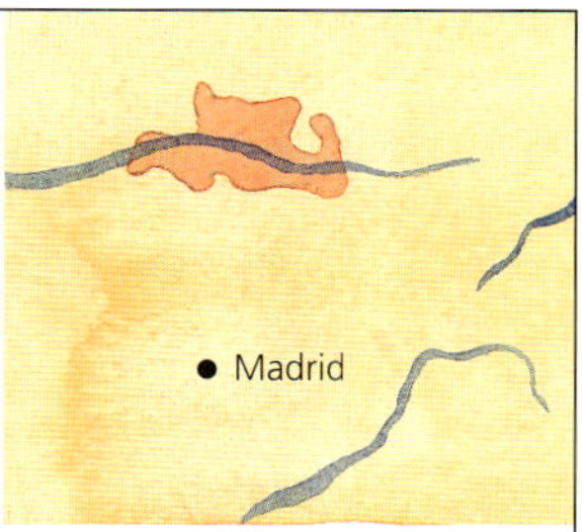

Le vega sicilia, vin le plus cher d'Espagne, ainsi qu'un autre vin culte, le pesquera, viennent de Ribera del Duero. Dans cette région de riche vin rouge, le cépage principal est le tempranillo (appelé ici *tinto fino* ou *tinto del país*), cultivé sur un plateau aride qui s'étend entre Valladolid et Aranda, le long du fleuve Duero (lequel devient plus loin le Douro portugais). Notons que si le porto est ô combien célèbre depuis plus de trois cents ans, le succès des vins de Ribera del Duero est, lui, beaucoup plus récent.

Le cava pétillant est produit selon la méthode champenoise.

PENEDÈS

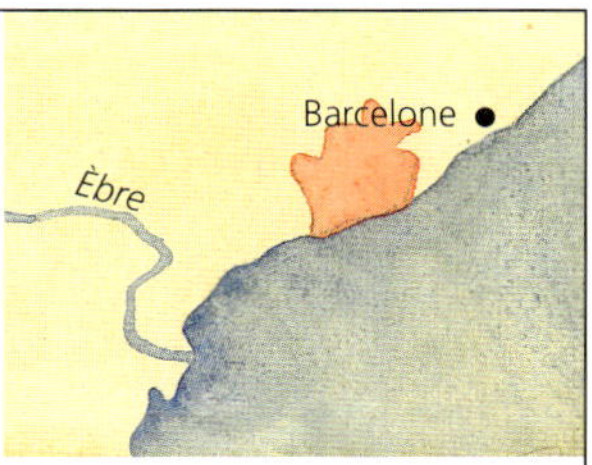

Première région de Catalogne, le Penedès est célèbre pour le cava, qui peut être excellent, même si l'assemblage de parellada, macabeo et xarel-lo n'est pas forcément du goût de tout le monde. Le Penedès est également connu pour ses rouges et blancs de style international. L'homme de la région est Miguel Torres, qui élève des rouges riches en chêne et des blancs maigres et citronnés – il a importé des cépages et techniques de France dans les années 1970 et, depuis, la région n'a cessé de progresser.

Dans le climat chaud et humide du Nord-Ouest, les ceps sont soutenus par des pergolas basses.

RÍAS BAIXAS

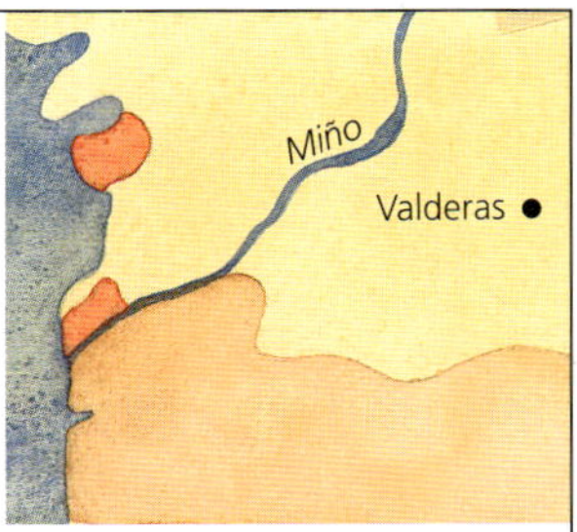

Ici, seul l'albariño compte, et les résultats enthousiasment les clients des bars à vins du monde entier. Aussi délicieux seuls qu'avec un repas, ces blancs crémeux au goût de pêche et d'abricot sont les meilleurs de Galice, sinon d'Espagne. Nous sommes ici dans une province pluvieuse et nuageuse, peu connue mais débordant d'une verdure luxuriante le long des estuaires aux multiples bras appelés *rías*. Le raisin est cultivé sur des sols granitiques selon un système de formation des vignes spécialement conçu pour tenir les fruits à distance des sols détrempés.

Portugal

Pour beaucoup, Portugal ne rime qu'avec porto : cette boisson sucrée si appréciée des vieilles dames ou des colonels bourrus dans leur fauteuil à oreillettes de cuir avec un bon cigare. Certains se souviennent peut-être aussi de la bouteille de mateus rosé transformée en pied de lampe dans les années 1970. En fait, non seulement le porto est une boisson que tout le monde peut apprécier, mais le Portugal produit également de fabuleux vins de table.

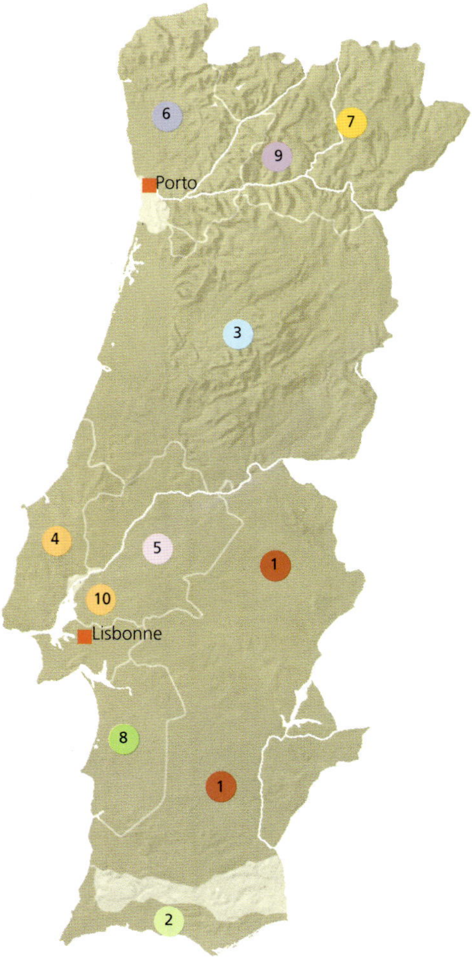

Il est vrai que le vin est pour l'essentiel bu sur place – la consommation par habitant est très élevée. Et que la plupart des vins portugais sont issus de cépages locaux aux noms étranges. Mais cela ne les empêche pas d'être fantastiques, des rouges charnus du Douro aux blancs légers et légèrement pétillants du vinho verde. Si les viticulteurs ont tenté de planter des cépages internationaux comme le cabernet-sauvignon et le chardonnay, ils ont campé sur leurs positions et conservé leurs cépages – préférant se concentrer sur la modernisation de leurs équipements techniques.

Un mot sur le porto pour finir. Bien plus que le porto ruby favori de votre grand-tante, le porto, c'est aussi le tawny de dix ans d'âge juste sorti du réfrigérateur en apéritif ou un porto blanc avec un doigt de Schweppes, une poignée de glaçons et un brin de bourrache par une chaude soirée d'été.

En bref, le Portugal est un petit pays avec un grand avenir, et ses vins méritent une bonne place dans toute cave qui se respecte.

Les régions

1 Alentejo
2 Algarve
3 Beiras
4 Estrémadure
5 Ribatejo
6 Vinho Verde
7 Trás-os-Montes
8 Terras do Sado
9 Douro
10 Dão

Les cépages

Les cépages rouges les plus connus sont le touriga nacional et le tinta roriz – célèbres pour leur contribution au porto. Parmi les autres, on peut citer le baga et le periquita, ou le blanc épicé fernão pires, ou encore le roupeiro parfumé. Le cépage blanc le plus connu est l'alvarinho, qui donne le vinho verde.

Les lourds paniers traditionnels et pittoresques pour descendre le raisin fraîchement cueilli au bas des coteaux escarpés ne sont pas uniquement une attraction pour les touristes. Ils continuent d'être utilisés dans les vignobles du Douro.

Les régions

À l'extrême nord se trouve le Vinho Verde (*verde* signifie « vert », mais il faut comprendre « juvénile »). Le Douro vient ensuite, puis Dão, un peu passé de mode, et sa voisine Bairrada. L'Estrémadure et le Ribatejo suivent, ainsi que les régions moins connues de Portalegre, Bucelas, Carcavelos, Setúbal, Terras do Sado et Colares. Enfin, l'Alentejo et, bien sûr, Madère et ses incroyables vins mutés.

La qualité

Les étiquettes portant la mention *Denominação de Origem Controlada* (DOC) indiquent le plus haut niveau de qualité. La deuxième catégorie regroupe des régions viticoles récentes sous l'appellation *Indicação de Proveniência Regulamentada* (IPR). Enfin, la mention *vinho regional* ne signifie pas forcément une qualité moindre mais témoigne d'une grande souplesse des cépages et vieillissements autorisés, de même que *vinho de mesa* (vin de table).

La vallée du Douro donne des vins de table rouges très intéressants mais est surtout connue pour être le berceau du porto.

Le porto a perdu son image désuète et jouit d'une nouvelle faveur.

Les vignobles abrupts du Douro sont aménagés en terrasses.

DOURO

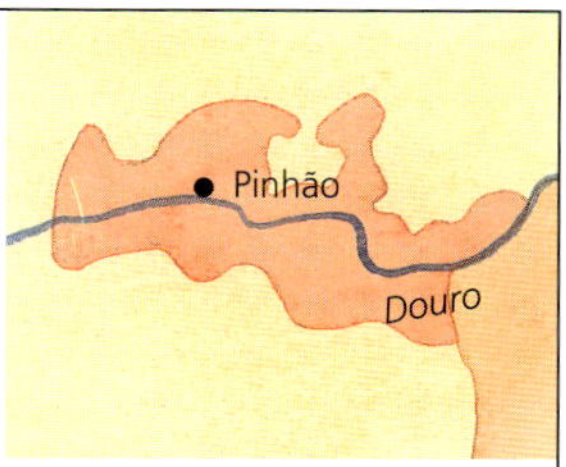

Le Douro est généralement considéré comme le berceau du porto, qui y est doux et riche. Néanmoins, plusieurs maisons de porto font aujourd'hui de bons vins de table, pour la plupart rouges et vendus à des prix sérieux. En fait, la région du Douro est la patrie du vin le plus cher du pays, le barca velha, du producteur Ferreira. Les meilleurs vignobles pour vin de table sont situés dans la partie occidentale de la vallée, plus fraîche, ainsi que sur les versants élevés, tandis que les plus prestigieux vignobles de porto occupent des terrasses escarpées au cœur de la vallée, en amont de la ville de Régua.

Les vendangeurs sélectionnent avec soin les baies mûres du cépage trincadeira.

ALENTEJO

Les plaines peu peuplées de l'Alentejo couvrent près d'un tiers du pays, de la côte ouest à la frontière espagnole. La région possède une DOC pour ses meilleurs vins et huit DOC sous-régionales, parmi lesquelles Redondo, Reguengos et Vidigueira, produisant d'agréables rouges et blancs et de bons vins de domaines. C'est également là que sont fabriqués la plupart des bouchons – les chênes-lièges parsèment par milliers le paysage.

Un chauffage doux sous un climat humide donne au madère son caractère et ses saveurs uniques.

MADÈRE

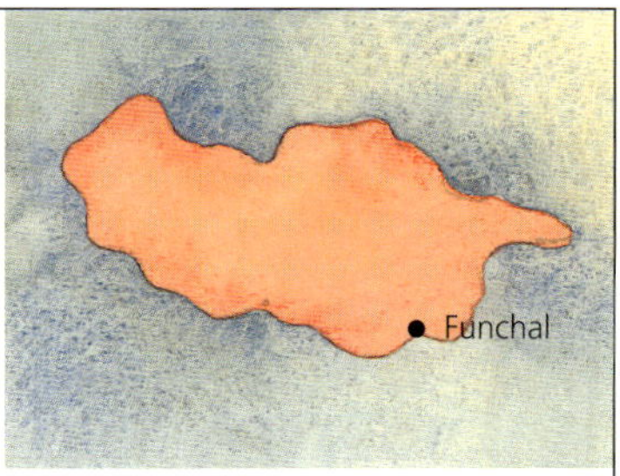

À 1 200 kilomètres au sud-est de Lisbonne, l'île de Madère produit l'un des vins mutés les plus intéressants du monde. Le raisin cultivé en terrasses sur un sol volcanique mûrit au climat subtropical humide pour donner naissance à une grande variété de styles. Ceux-ci – depuis le sercial, qui donne les vins les plus secs, jusqu'au malvasia, qui fait les plus doux – sont caractérisés par leur teneur en sucres. Le fruité de raisin et l'acidité naturellement élevée qui en résultent permettent au madère de bien se conserver en bouteilles.

Italie

Le « pays du vin » : ainsi les anciens Grecs surnommaient-ils l'Italie. On y trouve encore des vignes partout, des contreforts des Alpes à la minuscule île de Pantelleria, au large de la côte tunisienne. Le vin marque tous les moments de la vie dans la Péninsule, même si le reste du monde commence tout juste à s'en apercevoir. Le pays n'a vraiment commencé à se soucier de qualité et à rattraper le reste de l'Europe qu'après la Seconde Guerre mondiale. Aujourd'hui, les meilleurs vins italiens rivalisent avec ceux de Bordeaux, et pas uniquement les toscans et les piémontais. On trouve des rouges et des blancs sérieux dans presque chaque région.

Les changements se sont produits et se poursuivent à un rythme effréné. Mais pas toujours dans le respect des lois – les viticulteurs ont dû violer, ou plutôt ignorer, quelques réglementations pour en arriver là.

Les régions

1 Nord-Ouest
2 Nord-Est
3 Centre-Ouest
4 Centre-Est
5 Sud et îles

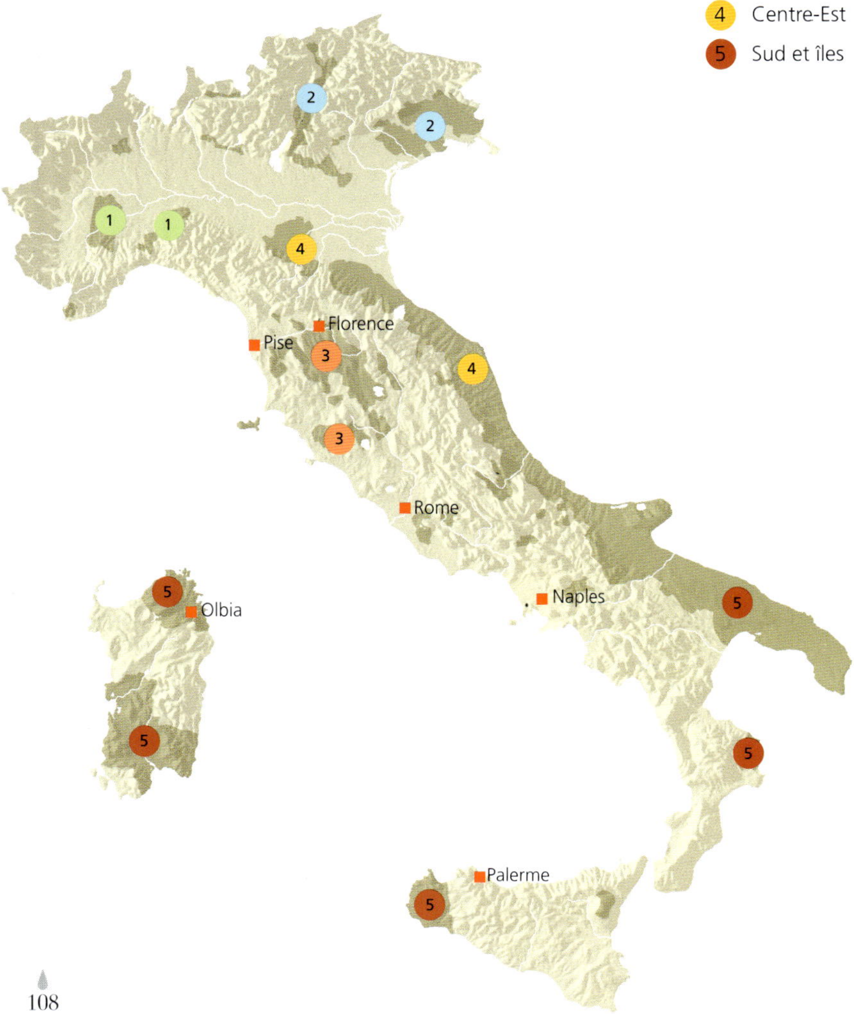

On n'en trouve pas moins encore beaucoup de petits vins, vendus sous des noms passe-partout, tels valpolicella ou soave. Les blancs attirent en général peu l'attention. Quant aux rouges, ils sont pour la plupart marqués par une certaine amertume qui les rend difficiles à boire seuls, mais ils accompagnent bien certains mets.

Pour vraiment comprendre les vins italiens, mieux vaut considérer l'Italie comme un groupe de régions que comme un pays.

Les cépages

Plus que tout autre pays européen, l'Italie cultive une abondance de cépages. Les internationaux sont présents, mais lorsque

Chianti classico est le bastion de la zone de Chianti, en Toscane.

les producteurs ont découvert les vignes et les techniques françaises, ils ont aussi découvert les avantages de leurs propres variétés locales.

Commençons par le nord du Piémont : le nebbiolo est la vedette incontestée et triomphe notamment à Barolo et à Barbaresco. La barbera et le dolcetto sont également populaires, tandis que l'arneis est le principal cépage blanc.

Vers l'est, le schiava est le grand cépage rouge du Haut-Adige. On trouve une foule d'autres variétés intéressantes dans le Nord-Est, notamment le tocai friulano, le teroldego et le corvina. Le sangiovese,

Les hauts sommets forment une toile de fond spectaculaire aux vignobles du Haut-Adige. Les vins de cette région jadis autrichienne sont appréciés dans le monde entier.

quant à lui, est le grand cépage rouge de l'Italie centrale, et le trebbiano, le grand blanc. Dans le Sud, primitivo et aglianico font parler d'eux.

Les régions

Tout au nord, les pentes tyroliennes du Haut-Adige donnent des blancs frais et parfumés. Piémont et Vénétie engendrent des rouges parmi les plus intéressants d'Italie. Dans le Centre, les vins alternent du blanc léger et facile à boire, tel le frascati de Rome au goût de noix, au lambrusco mousseux et relevé. C'est également de là que viennent les grands rouges toscans – ou « super-tuscans » – issus de cépages internationaux ou locaux et encore étiquetés il y a peu *vino da tavola* parce qu'ils passaient outre les législations viticoles. Plus au sud, des régions comme la Campanie ont vécu des changements importants ces dernières décennies. On trouve là de grands rouges, riches et luxuriants, issus d'aglianico, les blancs miellés des variétés locales greco di tufo et fiano di avellino, sans oublier les marsalas de Sicile au goût de noix et de beurre.

La qualité

Les vins italiens sont classés en quatre catégories. Tout en bas, les *Vino da Tavola* (VdT), suivis des *Denominazione di Origine Controllata* (DOC), qui doivent spécifier les cépages et les techniques de vinification. Ensuite, les *Denominazione di Origine Controllata e Garantita* (DOCG) sont supposés garantir la qualité et l'origine des meilleurs vins. Pour les producteurs dissidents qui ont commencé à utiliser les méthodes et les cépages français, et qui refusent les contraintes des DOC, les *Indicazione Geografica Tipicà* (IGT), une nouvelle catégorie entre VdT et DOC, aux contraintes législatives plus souples, sont faites pour eux.

Premier exportateur mondial, l'Italie offre un vaste choix de vins qui ne cessent de progresser.

Le château Soave domine les vignobles de trebbiano et garganega, qui donnent l'un des vins blancs les plus connus d'Italie.

VÉNÉTIE

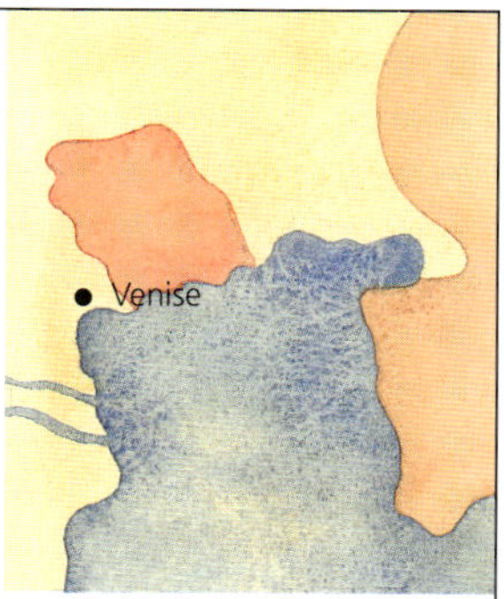

La Vénétie s'étend de l'Adriatique jusqu'au lac de Garde et des Dolomites jusqu'à la vallée du Pô. On y fait du vin depuis des siècles, et c'est aujourd'hui le centre du commerce et de l'industrie vinicoles de la Péninsule.

La production, énorme, tourne autour de trois vins : le soave blanc, le valpolicella rouge et le bardolino. On trouve des vins sérieux – les « classico » – sous trois appellations, issues des zones vallonnées de la région.

L'appellation Chianti, qui jadis désignait rouges et blancs, n'est plus usitée que pour les rouges.

TOSCANE

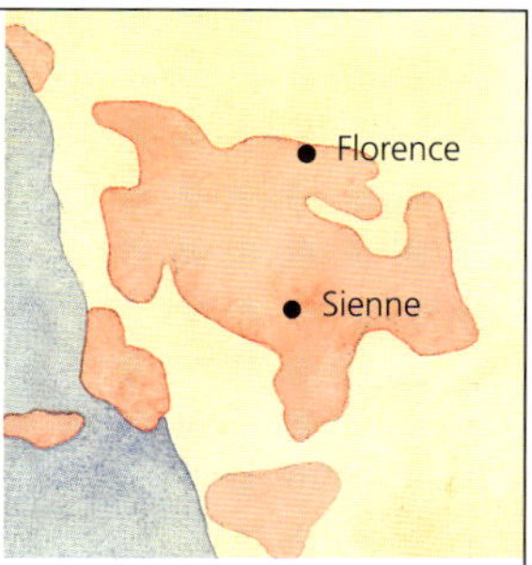

Foyer artistique sans pareil, célèbre aussi pour ses élégants paysages de collines plantées d'oliviers et de pins, la Toscane est la plus dynamique des régions viticoles d'Italie. Si son fameux vernaccia di san gimignano, créé au XIIIe siècle, est doré, c'est avec le rouge qu'elle réussit. Le chianti est obtenu à partir de sangiovese – ou l'était jusqu'à ce que les producteurs commencent à y ajouter du cabernet, du merlot et autres cépages. Les vins étaient tellement bons qu'ils ont été surnommés *super-tuscans* – au grand dam des autorités qui ne leur autorisaient que l'étiquette *Vino da Tavola*.

Les vins de Sicile étaient autrefois quasi inconnus hors de ses rivages.

SICILE

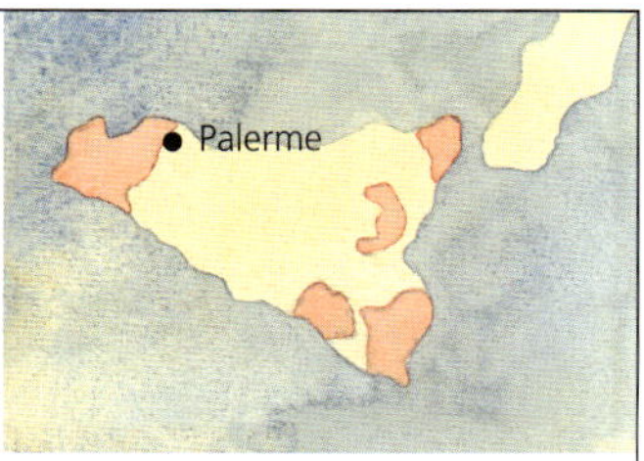

La Sicile est plus dynamique que jamais et donne des rouges juteux et des blancs frais, malgré la chaleur de l'été, ainsi que des marsalas fumés et poisseux. Certaines méthodes comme la fermentation à froid ont aidé, ainsi que le choix d'altitudes supérieures, à reproduire les conditions plus fraîches du Nord.

La Sicile possède de nombreux cépages locaux. Le nero d'avola, notamment, donne des rouges âpres et herbacés d'une grande longévité. Au large de la Sicile, l'île de Pantelleria engendre des vins doux, miellés et attachants, issus de moscato.

Allemagne

Le liebfraumilch a des comptes à rendre. Avec sa campagne agressive, ce blanc terne, doux et floral a pratiquement ruiné à lui seul la réputation des vins allemands. L'idée de départ était pourtant bonne – faire un vin idéal pour les débutants –, mais, aujourd'hui, on ne trouve plus guère que de l'eau sucrée en guise de liebfraumilch, et même le célèbre producteur Blue Nun en a retiré le nom de ses étiquettes. Heureusement, les ventes diminuent. Néanmoins, ceux qui n'ont jamais connu d'autre vin allemand ont manqué quelque chose. En effet, l'Allemagne produit les rieslings les plus fins du monde. Les meilleurs vins du pays sont issus de ce cépage. Ils peuvent être métalliques et secs, empreints de pomme et d'abricot, ou richement miellés, débordant d'ananas, de pêche et de mangue, avec un zeste de citron vert en finale. Les styles les plus secs s'adaptent à toute une série d'aliments parfois difficiles à marier. Ils présentent également l'avantage d'être relativement peu alcoolisés, ce qui en fait de parfaits vins d'été.

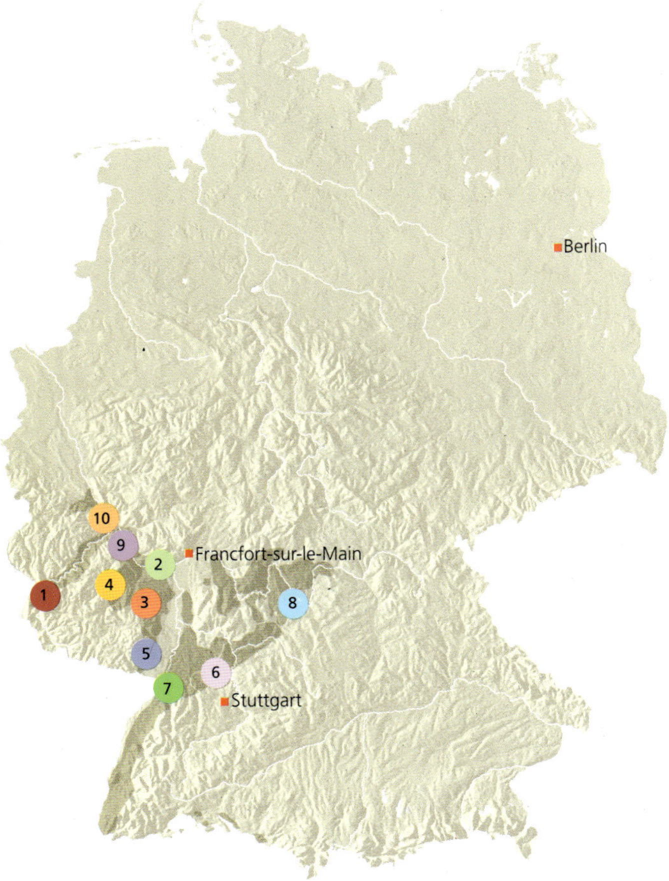

Les régions

1 Moselle-Sarre-Ruw
2 Rheingau
3 Hesse rhénane
4 Nahe
5 Palatinat
6 Wurtemberg
7 Bade
8 Franconie
9 Rhin moyen
10 Ahr

Dans la vallée de la Sarre, des fondations anciennes maintiennent la tradition des vins pleins de caractère, fruités et parfumés.

Les cépages

Si le riesling règne en maître, le müller-thurgau est le plus planté d'Allemagne. Malgré ses hauts rendements, il n'est intéressant qu'entre les mains d'un expert. Les autres cépages comprennent le rieslaner (croisement de riesling et de silvaner), plus intéressant, qui donne de grands vins de dessert dans le Palatinat ; le weissburgunder (pinot blanc), à l'origine de vins crémeux au goût de pêche dans le Palatinat et le Bade ; le rülander (grauburgunder ou pinot gris), qui produit des blancs épicés et secs et de savoureux vins de dessert ; enfin, le difficile scheurebe qui fournit, lorsqu'il est traité avec soin, de grands vins secs dans le Palatinat et des beerenauslese miellés. Les cépages rouges – qui gagnent du terrain – comprennent, entre autres, le spätburgunder (surtout dans le Bade-Wurtemberg) et le dornfelder, de style beaujolais.

Les régions

Moselle-Sarre-Ruwer fournit de merveilleux rieslings et abrite plusieurs grands domaines sur ses coteaux d'ardoise escarpés.
Bon nombre des meilleurs rieslings secs proviennent cependant des versants nord inondés de soleil du Rheingau. Le Palatinat gagne le prix de région la plus dynamique, tandis que la Hesse rhénane, au bord du Rhin, est la plus grande région viticole du pays. La Nahe est parfois oubliée, mais ses vins ont une agréable qualité minérale. Les vins rouges sont la spécialité du Bade-Wurtemberg, et le müller-thurgau, celle de la Franconie (dont les meilleurs vins sont cependant issus de riesling). Quant aux autres régions telles l'Ahr et la Saxe, en ex-Allemagne de l'Est, on ne voit guère leurs vins hors d'Allemagne.

La qualité

Le système de classification des vins allemands est un véritable casse-tête, et pourtant, il vaut mieux ne pas se tromper pour éviter de servir un vin doux avec du poisson.
On distingue six catégories par ordre croissant de maturité du raisin :

- *Kabinett,* fait à partir de raisin mûr et en général peu alcoolisé.
- *Spätlese,* de fruit très mûr vendangé tardivement et souvent un peu doux (bien qu'il existe des versions en sec).
- *Auslese,* à base de raisins vraiment très mûrs, parfois touchés par la pourriture noble et généralement doux (mais parfois fermentés secs dans le Sud).

Le vignoble allemand est planté à 80 % de cépages blancs, le riesling et son descendant le müller-thurgau se partageant près de la moitié de la superficie totale.

• *Beerenauslese* (ou BA), de raisins sélectionnés, cueillis à la main et presque toujours atteints de pourriture noble.

• *Trockenbeerenauslese* (ou TBA), à partir de raisins atteints de pourriture noble cueillis à la main et produit en minuscules quantités. Des vins parmi les plus doux au monde (et un travail à accomplir avec amour).

• *Eiswein,* un vin de glace pour lequel les raisins sont cueillis gelés et délicatement pressés.

Quelques autres notions figurent aussi sur les étiquettes :

• QbA *(Qualitätswein bestimmter Anbaugebiete)* signifie « vin de qualité d'origine contrôlée », mais, en réalité, la gamme de qualité est très large.

• QmP *(Qualitätswein mit Prädikat)* désigne des vins de qualité sélectionnés.

• *Landwein* est un vin de table issu de vingt zones déterminées.

• *Deutscher Tafelwein* est le vin de table de base.

Enfin, les Allemands ont introduit depuis peu, essentiellement dans le Rheingau, un autre système de classification avec des *Erstes Gewächs* – premiers crus – semblables à ceux de Bordeaux.

La pourriture noble s'attaque à la peau du raisin et concentre toute la douceur du fruit.

Protégée par les montagnes, cette région possède un climat chaud et sec et bénéficie d'un sol riche et fertile.

PALATINAT

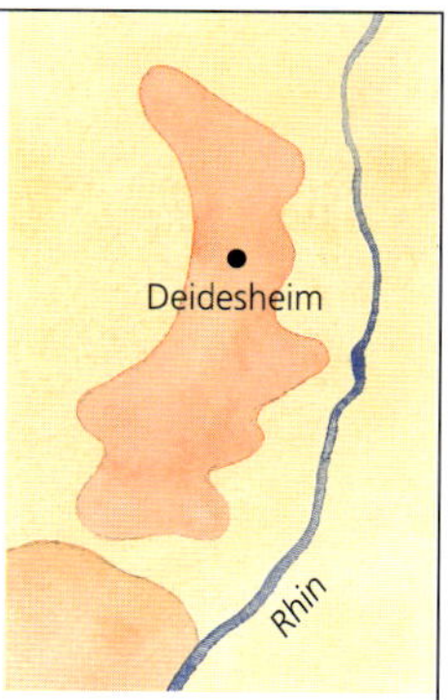

Bordé par la Hesse rhénane au nord et la France au sud et à l'ouest, le Palatinat est la deuxième région viticole d'Allemagne. Les collines de la Forêt palatine, qui atteignent par endroits 630 mètres d'altitude, attirent de nombreux visiteurs. Les vignobles occupent une bande de 80 kilomètres à la lisière orientale de la forêt et donnent un riesling ardent et un grand scheurebe plein d'entrain. Les dernières stars y côtoient les domaines traditionnels rajeunis. La partie septentrionale est la patrie des grands noms, tandis que le Sud est le cœur des nouvelles initiatives.

Le vin de Moselle-Sarre-Ruwer est presque métallique.

MOSELLE-SARRE-RUWER

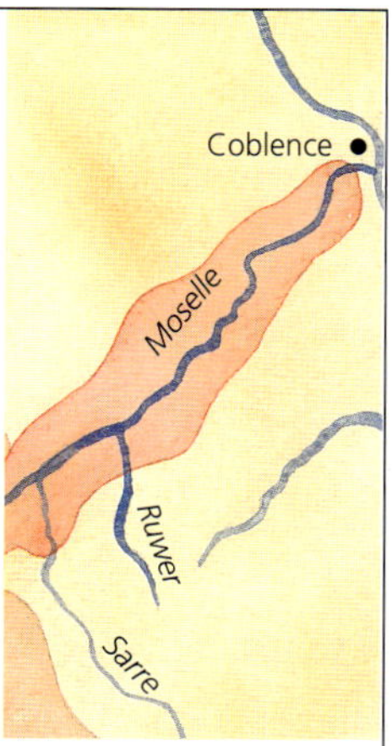

Il s'agit là d'une zone vouée à des vins blancs plus légers et plus vifs que beaucoup d'autres vins allemands. Ils sont généralement pâles et parfumés, avec une acidité perçante. Les vignobles sont situés le long de la Moselle et de ses affluents, la Sarre et la Ruwer. On trouve dans cette région certains des premiers domaines d'Allemagne, accrochés aux versants d'ardoise escarpés. Les zones les plus significatives comprennent Bernkastel, Piesport, Zeltingen et Erden.

Les plus grands et les mieux équilibrés des vins allemands sont produits dans le Rheingau.

RHEINGAU

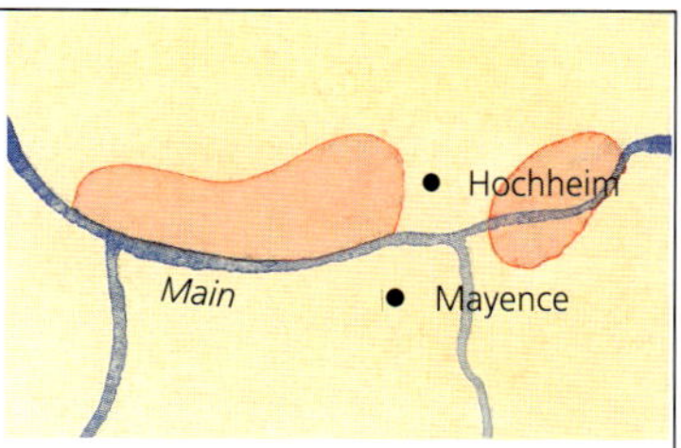

Un grand nombre des domaines les plus célèbres se trouvent dans cette région. Ils font des rieslings de niveau aristocratique. Du moins était-ce le cas il y a quelques années, car, depuis, la qualité a baissé. On espère que l'introduction des *Erstes Gewächs* aidera à rétablir certaines réputations et incitera les autres à plus d'efforts.

La région viticole s'étend de l'est de Hochheim (le village qui a inspiré aux Britanniques le terme « Hock » pour désigner les vins de la région) à Lorch, voisin du Rhin moyen.

Autriche

L'Autriche ne produit pas beaucoup de vin – 0,9 % de la production mondiale –, et ce vin est pour l'essentiel absorbé par le marché intérieur. Quelques lots arrivent cependant jusque chez nous et valent la peine. Se préparer alors à une surprise, car les meilleurs vins autrichiens sont de classe mondiale.

Les cépages

Le cépage blanc à surveiller est le grüner veltliner – délicieux –, le plus planté d'Autriche. On le retrouve à la fois dans des vins faciles à boire et dans d'autres plus sérieux et mieux en bouche. Quant au zweigelt ou au blaufränkisch, leurs noms sont difficiles à prononcer, mais ils méritent toute notre attention.

Les régions

1. Burgenland
2. Basse-Autriche
3. Styrie
4. Vienne

Les régions

L'Autriche compte quatre zones viticoles. La Basse-Autriche, ou Niederösterreich, au nord, est la plus grande. Le Burgenland, à l'est, longe la frontière hongroise. La Styrie, vaste zone du Sud, fait des vins maigres et acides. Vient enfin la région de Vienne.

L'Autriche est surtout connue pour ses vins doux nobles dont les meilleurs sont ceux du lac de Neusiedl, dans le Burgenland. Le climat lacustre garantit aux vignobles les attaques de la pourriture, source d'or liquide. Les brumes humides qui montent de l'eau y veillent, et les producteurs peuvent compter presque chaque année sur du botrytis en suffisance. Le cépage bouvier est le plus facilement attaqué, car il est le premier à se flétrir, contrairement au traminer à peau épaisse, qui résiste le plus. Les sols sont mixtes, et on trouve du lœss, des terres noires, du gravier et du sable. Enfin, même

Dans la Wachau, les terrasses de riesling et de grüner veltliner surplombent le Danube.

s'il fait plus chaud ici que dans le reste du pays, le lac gèle en hiver. Sur l'une de ses rives, la ville de Rust a fait fortune avec un style de vin particulier, divinement doux, appelé ausbruch.

La région commence également à être connue pour ses vins de table secs. Les blancs sont bons mais les rouges restent les stars absolues – issus de blaufränkisch, zweigelt et st Laurent, ce dernier, qui se situe entre le pinot noir et la syrah, possède un caractère unique et a obtenu d'excellentes critiques.

Les meilleurs blancs secs d'Autriche viennent de la Wachau, fief du riesling et du grüner veltliner. La vallée du Danube, étroite et pittoresque entre Melk et Krems, à l'ouest de Vienne, produit des rieslings capables de rivaliser avec ceux de la région allemande de Moselle-Sarre-Ruwer. Le vignoble y est planté sur des terrasses vertigineuses baignées de soleil, faites de roches primaires – granit, gneiss et micaschiste –, et les meilleurs sites sont situés entre Durnstein et Weissenkirchen. La vallée, longue de 33 kilomètres, subit l'influence de deux zones climatiques majeures : à l'ouest, le climat atlantique tempéré et, à l'est, l'air chaud des plaines Pannoniennes. Les importantes variations de température entre le jour et la nuit contribuent au caractère exotique des vins de la Wachau (dont 90 % sont blancs). Les rieslings explosent de pêche mûre, d'abricot et d'agrumes, avec une acidité suffisante pour un bon vieillissement en bouteilles. Le grüner veltliner brille également, puisqu'il est le cépage le plus planté de la Wachau. Il donne de bons résultats sur les sols argileux et calcaires de la région voisine du Kamptal.

La qualité

La Wachau possède sa propre classification : les Steinfeder sont les blancs légers et parfumés ; les Federspiel, des Kabinetts moyens ; et Smaragd désigne les vins des meilleurs sites et des meilleures années.

Les cultivateurs les plus entreprenants du Kamptal, organisés selon le modèle français, proposent des *Grosse Ernte Lage* (Grands crus), des *Erste Lage* (Premiers crus) et des *Klassifizierte Lage* (Crus classés). Parmi les zones à rechercher, citons Heiligenstein, car le riesling y donne de bons résultats, et le grüner veltliner encore plus.

Les Autrichiens produisent des vins de niveau mondial mais n'en exportent que très peu.

Europe orientale

L'ex-Europe de l'Est a plus à offrir que de la piquette légère et bon marché. Par exemple, l'un des plus grands vins de dessert du monde, le tokay, vient de Hongrie.

Hongrie

Issu de vignobles plantés sur des sols volcaniques à la frontière nord-est, le tokay est élaboré en Tokajhegyalja selon une méthode unique. Sous le climat automnal chaud et humide, on laisse d'abord les raisins furmint et hárslevelü (les cépages locaux aux noms imprononçables ne manquent pas) développer la pourriture noble, avant de les fouler pour obtenir une pâte appelée *aszú,* qui est ensuite mélangée à du vin déjà fermenté de raisins non botrytisés (le *szamorodni*). La douceur finale dépend du nombre de *puttonyos* (cuves) d'*aszú* ajouté : trois *puttonyos* donnent un vin demi-sec, six, un vin très doux, mais tous offrent la même gamme de saveurs d'abricot, de confiture et de miel. L'eszencia, le plus doux, est produit seulement les meilleures années à partir du jus de raisins écrasés par leur propre poids ; selon la légende, il peut ranimer les morts ! Les cépages furmint et hárslevelü donnent par ailleurs des vins de table intéressants et de puissants blancs, le hárslevelü étant le plus aromatique.

Autres régions viticoles de Hongrie : la Grande Plaine – Alföld –, au centre et au sud (qui fournit plus de la moitié de la production totale de vin) ; le lac Balaton ;

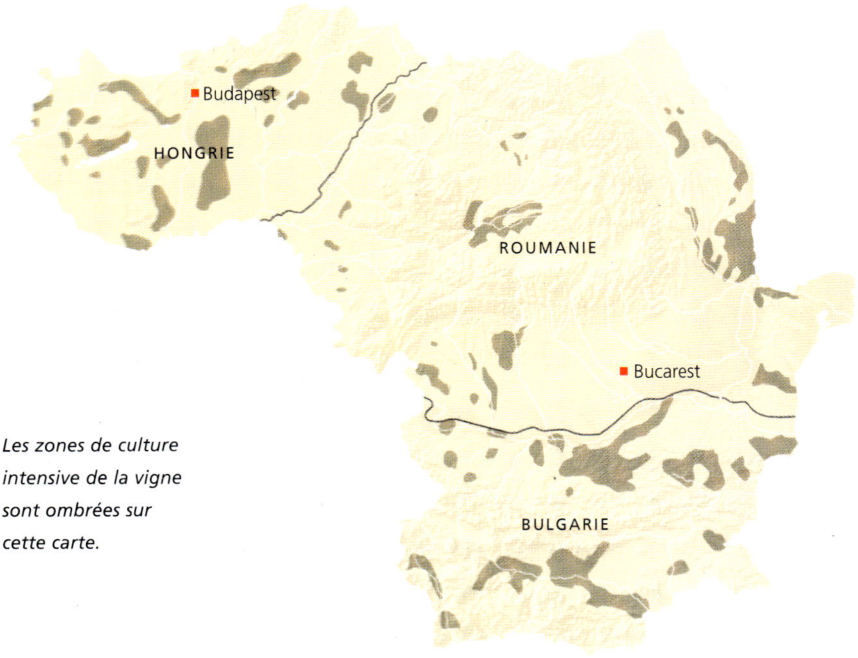

Les zones de culture intensive de la vigne sont ombrées sur cette carte.

la zone méridionale de Villány, proche de la frontière croate ; enfin, Eger et les contreforts des monts Mátra.

Les vins hongrois sont pour la plupart blancs et issus de cépages locaux, ainsi que d'une série croissante de variétés internationales, surtout le chardonnay et le sauvignon blanc. Quelques croisements récents, tels l'irsai oliver, proche du muscat, et l'épicé cserszegi füszeres (gewurztraminer) sont aujourd'hui plantés pour leur fruit caractéristique. Enfin, le cépage rouge le plus spécifique est le kadarka.

Les sols sont variables. La Grande Plaine est sablonneuse, tandis que la roche volcanique de basalte domine autour du lac Balaton, avec ici ou là un peu d'argile, de grès et de lœss. À Tokay, les sols sont volcaniques.

La Hongrie a connu des changements spectaculaires depuis le début des années 1990. En effet, jusque-là, l'industrie vinicole était contrôlée par l'État, et le gouvernement n'offre que depuis peu les fermes et les caves à la vente, tentant de séduire les investisseurs étrangers – qui ont succombé, notamment à Tokay, et injecté massivement des fonds pour une amélioration considérable des vins.

Sur la rive du lac Balaton, les vignes du mont Badacsony, incroyablement décevantes lorsqu'elles étaient sous le contrôle de l'État, retrouvent aujourd'hui leur gloire passée.

Les vignobles de Badascsonytomaj sont la patrie de bon nombre des cépages qui ravissent le palais.

L'est de la Bulgarie est couvert de vignobles plantés exclusivement de cépages blancs.

Bulgarie

La Bulgarie a avancé plus vite que la Hongrie et exporte aujourd'hui 90 % de son vin – elle s'est accaparé le marché des vins faciles à boire et peu onéreux pour supermarchés, et le vin est l'un de ses principaux apports de devises fortes. Le pays a bâti son succès dans les années 1980 sur des cépages bon marché, notamment le cabernet-sauvignon.

Depuis la Seconde Guerre mondiale, la Bulgarie a reconstruit avec succès son industrie vinicole en partant de zéro.

La Bulgarie a un autre sujet de fierté : elle est le berceau de la viticulture, pratiquée ici depuis plus de trois mille ans. Le pays n'est pas grand – à peine 400 kilomètres de la frontière occidentale à la mer Noire et 320 kilomètres de la Roumanie à la Grèce et à la Turquie –, mais la vigne y pousse partout, car le sol et le climat sont idéaux.

Pourtant, l'industrie vinicole bulgare était encore en plein chaos il n'y a pas si longtemps – à la chute du communisme, en 1989. La restitution des terres s'est avérée un véritable cauchemar bureaucratique, et le processus de privatisation reste désespérément lent, alors même que la négligence persistante du vignoble constitue la principale menace pour le secteur viticole.

Une nouvelle législation a créé cinq régions : la plaine du Danube au nord, la mer Noire à l'est, la vallée de la Struma au sud-ouest, la rivière Marica (ou Maritsa) et le massif de la Stara Planina au sud.

Le vignoble bulgare est dominé par les cépages internationaux, tels le cabernet-sauvignon et le merlot, avec un peu de pinot noir et, si l'on compte la piquette réservée au marché local, les cépages blancs sont plus nombreux que les rouges – du cépage géorgien rkatsiteli au chardonnay. Il existe également un programme dit « de qualité » : les vins de pays correspondent à leurs homonymes français ; les vins de cépages d'origine délimitée sont l'équivalent des VDQS français ; les Réserve et Special sont des vins de cépages supérieurs âgés d'au moins deux ans pour les blancs et trois ans pour les rouges ; enfin, les meilleurs vins constituant la réponse de la Bulgarie aux appellations contrôlées françaises sont les *Controliran,* des vins de cépages et de vignobles spécifiques.

Roumanie

La Roumanie possède le plus grand potentiel d'Europe orientale en termes de volume – la superficie plantée y est presque aussi importante qu'au Portugal. Ledit potentiel a malheureusement été étouffé pendant les nombreuses années où le pays n'a produit que des vins démodés destinés à l'ex-URSS et, aujourd'hui, seule une faible part de la production est exportée. Les meilleures régions sont Dealul Mare (« grande colline ») dans les contreforts des Carpates pour le rouge, Tarnave en Transylvanie, Murfatlar près de la mer Noire et, au nord, la plus ancienne et la plus connue, Cotnari, dont les vins doux étaient jadis aussi prisés que les tokays. Si les Roumains sont fiers de leur cabernet-sauvignon, les cépages fetească albă et fetească regală sont dominants ; ils donnent des blancs parfumés de différents degrés de douceur et qualité. En règle générale, les blancs roumains sont meilleurs que les rouges.

Autour d'une église typique, de vastes vignobles se nichent dans les contreforts des Carpates, en Roumanie.

Proche-Orient et Afrique du Nord

À l'heure où les cuisines orientale et nord-africaine sont plus que jamais à l'honneur en Europe occidentale, il est temps de s'intéresser également aux vins issus de ces régions. Ils offrent en effet une alternative intéressante aux choix convenus.

Israël

La vigne prospère dans cinq régions : au nord, la Galilée – qui englobe le Golan –, la Samarie, le Samson, les collines de Judée et le Néguev. La plupart des vignobles sont la propriété de kibboutzim ou de moshavim (coopératives), et les propriétaires privés sont rares. Les vins les plus intéressants viennent aujourd'hui du Golan, où des cépages rouges et blancs se prêtent aisément à la culture sur un haut plateau. L'industrie viticole est surtout consacrée à l'exportation de vin kacher vers les communautés juives du monde entier – la plupart, mais pas tous, des vins israéliens étant d'ailleurs kacher.

Vendanges dans la vallée de la Bekaa, où se déploient la plupart des vignobles libanais.

Liban

On ne peut parler du vin libanais sans évoquer Château Musar. Son rouge musqué de longue garde, issu d'un assemblage de cabernet-sauvignon, syrah et cinsaut, est l'un des vins les plus étonnants du monde, élaboré par le légendaire Serge Hochar. Les vignobles sont situés dans la vallée de la Bekaa, comme ceux de la plupart des autres domaines, dont Château Kefraya : l'altitude est suffisante pour résister aux chaleurs méditerranéennes, tandis que les montagnes qui entourent la vallée apportent nuits fraîches et précipitations. La pulvérisation est ici réduite à son minimum, et les ceps forment des buissons étalés, bien que le palissage progresse.

Labour du vignoble tunisien selon une technique ancestrale.

Algérie

La cuisine d'Afrique du Nord n'ayant jamais connu un tel succès, il serait logique que les vins bénéficient de la même attention. Tout d'abord l'Algérie. On ne voit pas encore ces vins très souvent (voire jamais), mais les importateurs commencent à percer. L'Algérie a autrefois possédé la même superficie de vignoble que l'Allemagne, et son vin était utilisé par de nombreux producteurs français pour étoffer leurs mauvais millésimes. Avec l'introduction de contrôles plus rigoureux en Europe et d'un gouvernement islamique sur place, la production a quasi cessé. Elle a cependant repris, et il existe désormais sept zones de vins classés très acceptables. Les plantations de cépages nobles sont en hausse, notamment de cabernet-sauvignon et de merlot avec quelques parcelles de chardonnay.

Tunisie

La Tunisie faisait autrefois autant de vin que l'Algérie, mais, aujourd'hui, la même contrariante législation européenne a fait chuter la production. Les régions viticoles sont Nabeul, le cap Bon, Bizerte, Ben Arous et Zaghouan. Les principaux cépages comprennent le carignan, le grenache et le cinsaut, avec un peu de cabernet-sauvignon et de syrah. La plupart des vins sont des rouges charnus ou des rosés légers. Les investisseurs étrangers ne témoignent encore que peu d'intérêt pour le pays.

Maroc

Le Maroc possède son propre système d'appellations, similaire aux AOC françaises. S'il ne constitue pas une garantie de qualité, il apporte la reconnaissance de l'Union européenne aux zones vinicoles : l'Est (Berkane et Angad), Meknès-Fès, Gharb, Rabat et Casablanca. De toutes, Meknès-Fès jouit de la meilleure réputation de qualité, grâce à sa situation à 600 mètres d'altitude.

Comme l'Algérie et la Tunisie, le Maroc a longtemps produit le raisin en masse et a connu un déclin régulier depuis l'indépendance, en 1956. L'État a alors pris le contrôle des vignobles et introduit un système de fixation du prix du raisin quelle que soit la qualité. Il n'a relâché prise que récemment pour laisser la place aux investisseurs privés. Encore une histoire à suivre.

Afrique du Sud

L'industrie viticole sud-africaine doit encore procéder à de profondes transformations. Le chenin, douteux, est encore très abondant, et le pinotage ne donnera jamais rien de grand. Mais on voit la lumière au bout du tunnel, grâce à une nouvelle génération de viticulteurs, familiarisés avec le reste du monde viticole et ouverts aux idées neuves.

Ces nouveaux venus ne cherchent plus à imiter l'Australie ou le Bordelais. Ils préfèrent passer du temps dans les vignobles chiliens et californiens, parcourir le Val de Loire, le Bordelais et la Bourgogne pour échanger ensuite leurs notes. Combinant les philosophies de l'Ancien Monde et les techniques du Nouveau, ils réussissent parfaitement à donner à leurs vins une identité sud-africaine.

La confiance renaît. Des cépages rouges sont cultivés dans des zones traditionnelles de blancs. Le choix des sites est plus réfléchi avec de nouvelles zones comme Bot River. La compréhension du bois progresse – le chardonnay sud-africain n'est plus le monstre de chêne qu'il fut. Enfin, le fruit est plus mûr (pour plus d'alcool) que jamais, car les cultivateurs sont assurés de le cueillir au parfait niveau de concentration en sucres.

Les régions

1. Vallée de l'Orange
2. Constantia
3. Olifants River
4. Durbanville
5. Swartland
6. Walker Bay
7. Paarl
8. Stellenbosch
9. Worcester
10. Robertson
11. Petit Karoo

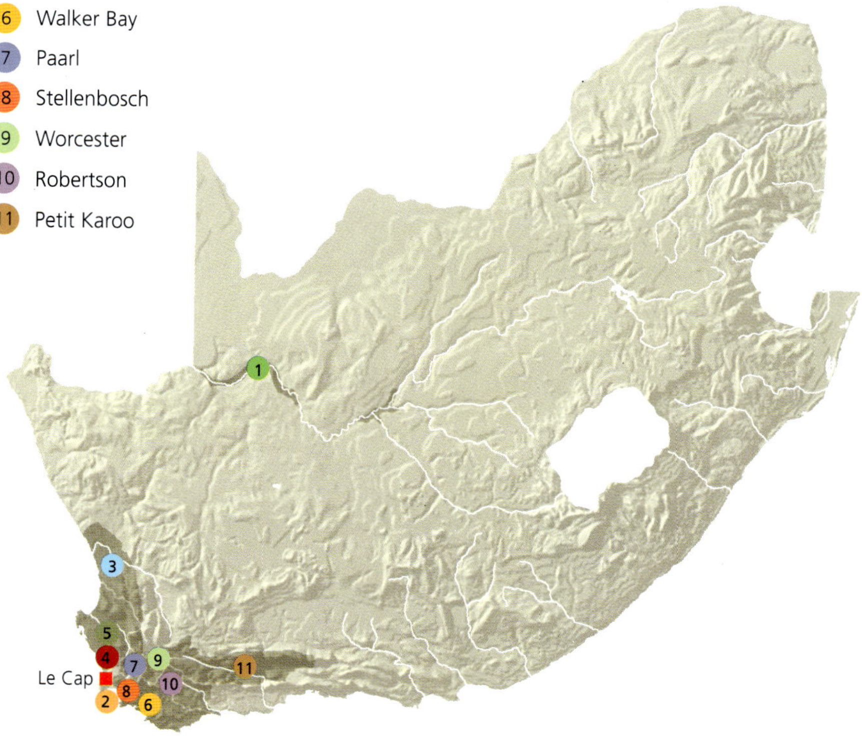

Alors que les autres pays viticoles en développement travaillaient sur des cépages internationaux, l'Afrique du Sud concentrait ses efforts sur le pinotage, un croisement entre pinot noir et cinsault créé en 1924 par un viticulteur sud-africain. Or, le pinotage n'a pas très bonne presse, et seule une poignée de viticulteurs parvient à l'exploiter au maximum de ses possibilités, mais cette obsession a freiné les efforts entrepris avec d'autres cépages rouges, et si quelques étiquettes sont aujourd'hui recherchées, il s'agit encore de gouttes d'eau dans l'océan des 70 millions de caisses du pays.

Pourtant, l'Afrique du Sud n'est pas un nouveau venu en viticulture : celle-ci a commencé dès 1656 avec des porte-greffes importés. Mais les ceps malades et les clones de mauvaise qualité ont retardé les choses, autant que l'obsession du pinotage et le boycott international pendant l'apartheid. Le tournant de l'industrie vinicole sud-africaine s'est produit en 1994 avec l'arrivée de Nelson Mandela au pouvoir.

Paarl (« perle » en afrikaans) dispose de conditions quasi parfaites pour la viticulture.

Les cépages

Les vins blancs dominent toujours, malgré l'engouement actuel envers les rouges – les vignobles sont plantés à 75 % de cépages blancs. Si le chenin blanc fait la loi, des vignes sont néanmoins aujourd'hui arrachées pour laisser la place à plus de cépages internationaux. Le colombard suit de près, puis viennent le chardonnay,

Aujourd'hui, les viticulteurs expérimentent ici d'autres cépages que l'incontournable pinotage.

La viticulture sud-africaine garde un œil sur les techniques et les évolutions du monde entier.

le sauvignon blanc. Le riesling et le sémillon forment avec le gewurztraminer et le viognier le groupe des nouveaux venus.

Hier encore, les rouges étaient dominés par le pinotage : au mieux, il déploie de riches arômes de prune mûre avec des cerises couvertes de chocolat et de la cannelle en finale ; au pis, il fait penser à du vernis à ongles passé au four. Il a désormais cédé la première place au cabernet-sauvignon. Derrière viennent les cinsault, merlot et shiraz, ainsi que de petites poches expérimentales de pinot noir et de nebbiolo.

Les régions

Le raisin est cultivé dans plus de 50 régions, districts et *wards*. Plus de 5 000 cultivateurs exploitent 100 000 hectares. La production est essentiellement gérée par 82 domaines et 70 coopératives, et de nouvelles caves ouvrent sans cesse – financées par des investisseurs étrangers, des milliardaires des télécommunications ou des propriétaires de mines d'or désillusionnés du Nord.

La zone du Cap produit la plus grande partie des vins du pays. Celle de Boberg comprend les districts de Paarl et de Tulbagh. La région côtière regroupe Durbanville, Stellenbosch, Constantia et Swartland. Enfin, la région intérieure de la Breede englobe Robertson, Swellendam, Tulbagh et Worcester. Les deux principaux districts viticoles restent cependant Paarl et Stellenbosch.

Jadis vouée au blanc, la région de Robertson se taille à présent une belle réputation avec ses rouges.

ROBERTSON

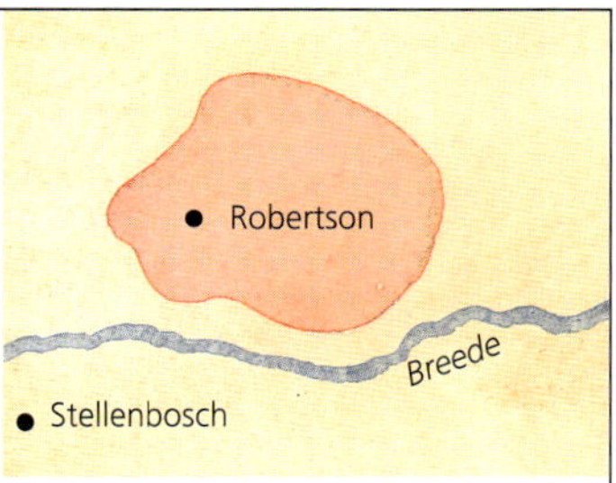

Les cépages blancs dominent. La zone chaude, sèche et fertile, au sol rocheux, donne de grands chardonnays. La plupart des vignobles longent la rivière Breede, bien que beaucoup s'installent aujourd'hui plus haut dans les collines, plus fraîches. Les cultivateurs travaillent ensemble, échangent leurs idées et décrochent régulièrement des récompenses pour leurs vins. Outre le chardonnay, la région produit de grands muscats et sauvignons blancs ; des rouges de bonne qualité émergent en nombre croissant, sous la direction du shiraz.

Les raisins chardonnay récoltés à la ferme Madeba, propriété de la cave Graham Beck de Robertson, donnent de grands vins.

STELLENBOSCH

Ici bat le cœur de la viticulture sud-africaine. La région se targue de posséder la plus importante concentration de caves et les meilleurs vins du pays. Les vignobles sont partout, du fond de la vallée aux versants sauvages des montagnes. On dénombre près de cinquante types de sol différents et autant de microclimats, de sorte qu'aucun style particulier ne peut caractériser la région. Stellenbosch était traditionnellement célébré pour ses vins rouges, mais les blancs – issus notamment de chardonnay et de sauvignon blanc – sont tout aussi étonnants.

Le chardonnay est quasi aussi célèbre que les succulents rouges traditionnels de Stellenbosch.

CONSTANTIA

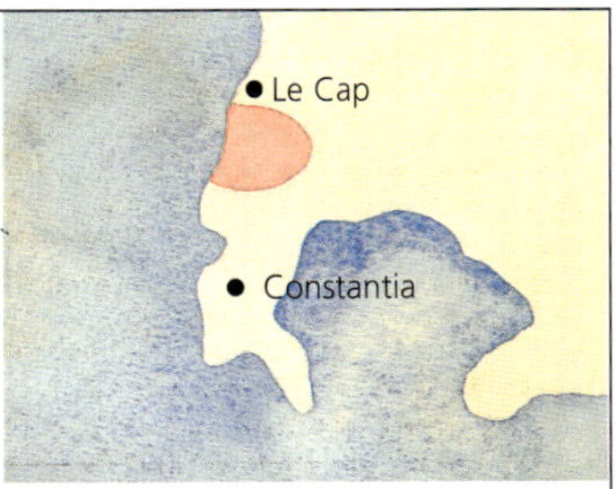

Voisine des élégantes banlieues sud du Cap, Constantia peut donner des sauvignons blancs de niveau mondial. Le cépage éponyme y prospère, ainsi que le chardonnay et le cabernet-sauvignon. C'est à Constantia que le gouverneur Van der Stel a créé le premier vignoble du Cap en 1685 pour y faire des vins doux. Du côté sud-est de la péninsule du Cap, la région fait face à l'Atlantique et reçoit les brises marines des deux côtés, ce qui ralentit la maturation du raisin et donne des vins d'une grande concentration et d'une remarquable finesse.

Constantia est une zone viticole de première classe, consacrée à la production de vins fins depuis les premiers jours.

Australie

Nous avons tous déjà vu une bouteille de chardonnay australien – les Australiens ont plus que quiconque contribué à la promotion de ce cépage. Néanmoins, ces derniers temps, il est devenu quelque peu ennuyeux, et toutes les marques ont proposé le même goût. Les choses bougent cependant : les Australiens ont cessé de planter à tout va et ont fait porter leurs efforts sur la qualité, en développant les particularités régionales.

Les grandes entreprises sortent aujourd'hui des vins qui reflètent mieux le terroir, plus subtils au niveau du chêne et laissant transparaître le caractère d'une région. Il en va de même avec les rouges. Les Australiens ont (comme tout le monde) su reconnaître que le public voulait du vin rouge et produisent donc encore plus de leur cépage vedette, le shiraz, ainsi que du cabernet-sauvignon, tout aussi impressionnant et savoureux.

L'harmonisation a donc cédé le pas à la diversité – de styles et de régions. On expérimente également d'autres cépages blancs, comme le sémillon et le verdelho, qui donnent de très bons résultats. Bref, l'Australie ne se tient pas encore tranquille – mais c'est bien pour cela qu'elle a connu d'emblée le succès.

Les régions

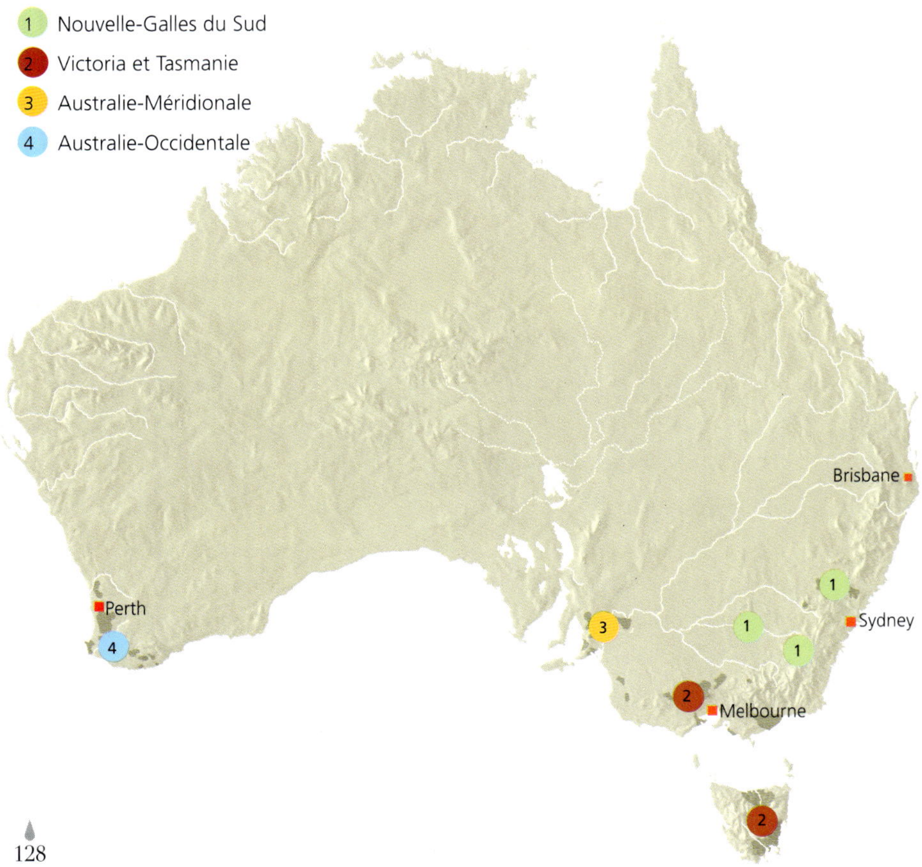

La vallée de Clare, en Australie-Méridionale, est l'une des nombreuses zones qui se consacrent en priorité à la production de vin doté d'un caractère local propre.

Les cépages

L'Australie cultive près de 75 cépages différents, à peu près autant de rouges que de blancs.

Le shiraz est le roi du rouge. Connu ailleurs sous le nom de syrah, il réussit magnifiquement en ces contrées. Dans les zones fraîches, il regorge d'un fruité terreux au goût de réglisse et de cuir ; il est moins complexe sous climat chaud mais offre toujours un fruit doux et mûr fort plaisant.

Le cabernet-sauvignon est une autre star des rouges australiens, qu'il soit seul ou assemblé à du shiraz, du malbec, du merlot et du cabernet franc. Cultivé dans tout le pays, il est plutôt herbacé sous les climats frais et donne sous le soleil un mélange de fruits rouges recouvert de chocolat.

Un nombre croissant de producteurs se tournent également vers le vieux grenache et le mourvèdre (appelé mataro), tandis que le pinot noir, le sangiovese et le nebbiolo progressent.

Parmi les blancs, le chardonnay ouvre la voie, avec le sémillon, le verdelho, le viognier, le sauvignon blanc et le riesling – tous en hausse.

Sans oublier les muscats, qui peuvent donner de merveilleux vins de dessert.

Les régions

Dans la plupart des régions, le climat est plus significatif que le sol – et Dieu sait que les climats peuvent différer, depuis les collines d'Adélaïde pluvieuses jusqu'au subtropical South Burnett. Les styles de vins sont tout aussi variés, des chardonnays complexes de Margaret River, en Australie-Occidentale, au shiraz corsé de McLaren Vale.

Nouvelle-Galles-du-Sud

La vallée du Hunter est la région la plus connue. C'est là qu'a été produit, dans les années 1970, le premier chardonnay commercial – bien qu'aujourd'hui, le sémillon brille le plus, surtout âgé. De l'autre côté du Hunter, Mudgee donne de grands shiraz et de bons cabernets-sauvignons.

La zone de haute altitude d'Orange est sur toutes les lèvres. Parmi les autres régions, citons Cowra, Hilltops, Riverina et Tumbarumba, la championne du mousseux.

Australie-Méridionale

L'Australie-Méridionale est le royaume du *bag-in-box* et produit plus de la moitié des vins du pays – dont d'excellents à partir de sites rares. Le riesling (et le shiraz) sont la spécialité de la vallée de Clare.

Les collines d'Adélaïde font des chardonnays et des sémillons vifs, tandis qu'à Barossa les vins vont des blancs neutres sur le fond chaud de la vallée aux fabuleuses vieilles vignes de shiraz haut dans les collines.

L'Australie a anticipé l'avenir – il est rouge. On voit ici l'étripage de cabernet-sauvignon au domaine Trentham Estate, sur le Murray.

Eden Valley, une sous-région fraîche de Barossa, fait concurrence à Clare pour le meilleur riesling. McLaren Vale a de quoi satisfaire tous les goûts, et Langhorne Creek présente le jacob's creek, la plus connue des grandes marques. Plus au sud, Coonawarra produit d'élégants cabernets et de grands shiraz, tandis que Padthaway, au nord, fait des chardonnays célèbres. Autres régions : la côte de Limestone et la péninsule Eyre.

Victoria

Si l'or a ici, jadis, suscité la convoitise, les vins en font autant aujourd'hui, du Murray – où ils sont faciles à boire – à Rutherglen, qui propose, outre ses succulents liqueurs muscats, de bons vins de table, shiraz bien en chair ou sémillons gorgés de soleil.

Le centre de la province est occupé par plusieurs petites régions, telles Grampians, célèbre pour son pétillant, les Pyrenees et leur tord-boyaux rouges, Bendigo et Heathcote, avec leurs rouges concentrés de longue garde, ou la vallée du Goulburn et sa marsanne vedette. Autres principales régions : Geelong, Macedon, la vallée du Yarra et la péninsule Mornington.

Australie-Occidentale

Margaret River, la perle de cet État, abrite quelques-uns des premiers producteurs du pays en rouges puissants et élégants – issus de cépages multiples, du cabernet au zinfandel – et des blancs voluptueux (chardonnay, sauvignon et sémillon).

Tasmanie

La géographie de cette île au climat frais réunit forêts denses d'eucalyptus et prairies alpines. Les vins y possèdent un style spécifique : le fruit y est beaucoup plus sobre, par rapport aux vins du continent; ils sont plus subtils et plus délicats – plus européens. Les grands classiques sont tous faits ici à partir de raisins cultivés à basse altitude dans la moitié orientale de l'île, plus chaude et plus sèche. Le chardonnay et le pinot noir règnent en maîtres.

Queensland

La vigne est plantée haut dans les collines fraîches de la ceinture de granit, à l'ouest de Brisbane. South Burnett est la région la plus récente et la plus jolie du Queensland.

La qualité

La classification de base est *Produce of Australia. South-Eastern Australia* est utilisé pour les assemblages destinés au grand public. *State of Origin* comprend de nombreuses zones, régions et sous-régions, et les meilleurs vins peuvent être étiquetés « exceptionnels » ou « supérieurs ».

Orange, en Nouvelle-Galles du Sud, est la prochaine région viticole australienne à surveiller.

ORANGE

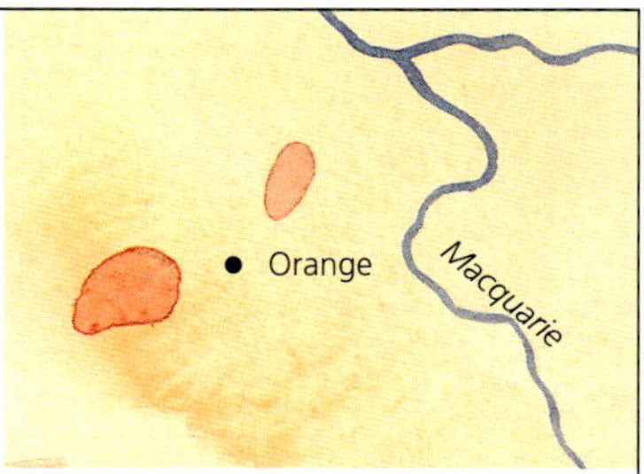

Récemment, Orange était encore un secret bien gardé, et rares étaient ceux ayant pris conscience du potentiel de la région. Elle reste la zone la plus intéressante de Nouvelle-Galles-du-Sud, même si les caves n'y excèdent pas la douzaine, et tout le monde y plante avec frénésie. Les coteaux sont en pente, l'altitude élevée (800 mètres) et le climat continental – les journées chaudes et les nuits fraîches garantissent un fruit piquant et mûr unique. Même le sauvignon blanc vient bien.

La vallée de Barossa donne de superbes vins blancs fruités.

BAROSSA VALLEY

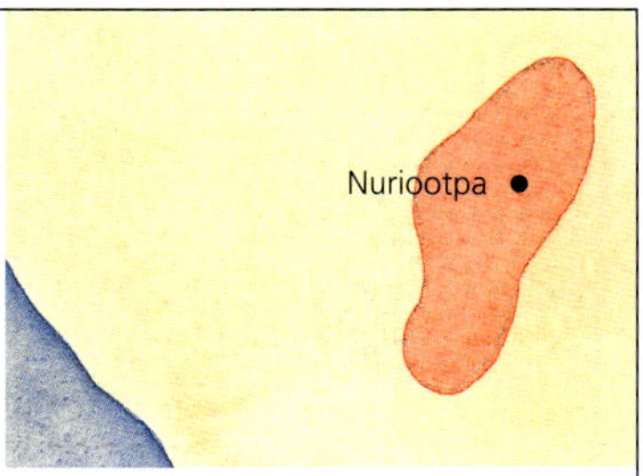

Barossa la Germanique est un site de choix pour la culture de la vigne. Avec ses hivers pas trop pluvieux et ses étés chauds et secs, la vallée produit du raisin à la qualité garantie, et, entre les sols chauds de terreau sablonneux du fond de la vallée et les sites plus frais des collines, presque tous les styles de vins sont représentés. Bon nombre des plus gros producteurs australiens possèdent des exploitations ici. Les rouges sont grands, généreux et concentrés, les blancs pleins d'un fruité ensoleillé.

Le paradis luxuriant de Margaret River abrite certains des premiers producteurs de vin d'Australie.

MARGARET RIVER

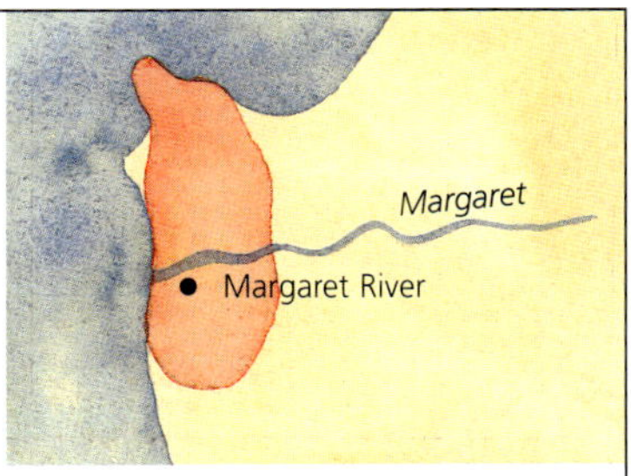

À Margaret River, les viticulteurs commencent leur journée en allant faire du surf. L'endroit est magique, et les vignes y profitent de l'effet rafraîchissant de la mer. La région déborde de nouvelles caves et de vignobles, répartis dans trois zones le long d'une route, la Bussel Highway : les hauteurs de la baie du Géographe, Willyabrup et le sud-est de Margaret River. On a aussi planté de la vigne dans le Nord à Jindong et dans le Sud à Karridale.

Nouvelle-Zélande

La Nouvelle-Zélande a beau être un petit producteur, elle possède l'industrie vinicole à la croissance la plus rapide – sans pour autant occuper une place importante, puisqu'elle produit tout juste 1 % du vin mondial. Les nouvelles caves ouvrent au rythme d'une vingtaine par an. Et ce pour deux raisons : parce que le marché intérieur semble insatiable, avec des chiffres de consommation qui doublent chaque année, et parce que le sauvignon blanc de Nouvelle-Zélande a conquis le cœur des Britanniques. Il faut dire que le pays produit l'un des meilleurs du monde – et y est parvenu en à peine vingt ans.

Les cépages

Le chardonnay et le sauvignon blanc dominent, suivis du cabernet-sauvignon et du pinot noir (pour le célèbre vin pétillant). D'autres cépages sont en hausse, parmi lesquels le pinot gris, le merlot et le riesling.

Les régions

L'île du Nord est plus chaude que l'île du Sud, bien que toutes deux partagent un climat maritime frais. Par conséquent, les vins de l'île du Nord ont un style plus mûr, plus charnu et plus moelleux. Les collines du Northland-Matakana donnent de grands rouges, et l'île Waiheke, à une demi-heure de ferry d'Auckland, produit des assemblages de style bordelais très modernes. Les autres régions du Nord comprennent Waikato et la baie de Plenty, avec ses rieslings botrytisés, Gisborne, qui a surmonté sa réputation de producteur de masse et offre désormais de bons blancs et des rouges buvables, la baie de Hawke et son climat parfait pour les assemblages de style claret et les grands chardonnays, et enfin Wellington et ses étonnants pinots noirs.

Dans l'île du Sud, Marlborough est célèbre pour son sauvignon blanc, ainsi que Nelson, qui produit d'autres grands vins comme les fabuleux chardonnays aux notes de citron vert. Canterbury et l'Otago central, experts en pinot noir, complètent le tableau.

Les régions

1 Northland
2 Auckland
3 Waikato
4 Baie de Plenty
5 Poverty Bay
6 Baie de Hawke
7 Wellington
8 Nelson
9 Marlborough
10 Canterbury

La baie de Hawke, l'une des plus anciennes régions productrices de vin de Nouvelle-Zélande, est également à la pointe de la viniculture actuelle.

BAIE DE HAWKE

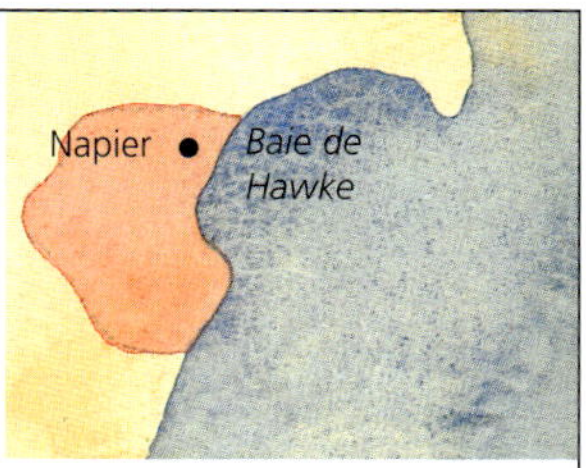

Dans la baie de Hawke, la vigne a d'abord été plantée dans les plaines fluviales de Heretaunga, mais les sols fertiles y favorisaient une vigueur excessive, et beaucoup ont déménagé vers les versants bas des collines calcaires de l'intérieur, où la maturation et l'équilibre du raisin sont meilleurs. La réputation de la baie de Hawke repose sur ses assemblages de style bordelais. Les chardonnays aussi sont recherchés – riches et pleins, avec une attaque bienvenue de pamplemousse en finale. La zone croît rapidement, et bon nombre de sous-régions ont déjà été identifiées pour leur grande qualité.

On produit ici du sauvignon blanc de classe mondiale.

MARLBOROUGH

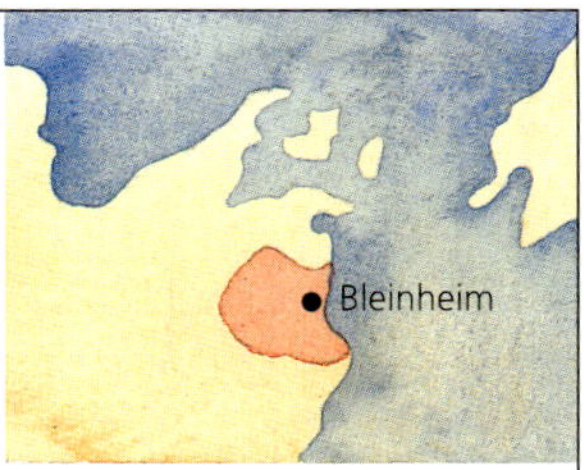

C'est le sauvignon blanc qui a fait connaître Marlborough. Ses goûts sont uniques : groseille à maquereau relevée, poivron vert, pipi de chat ou herbe coupée et, pour finir, un zeste de citron vert. Le sauvignon blanc doit son succès à plusieurs facteurs : le terreau alluvial sur d'épais dépôts graveleux, les vendanges échelonnées (différents niveaux de maturité ajoutent à la complexité du vin), des clones de qualité, la cueillette des feuilles et beaucoup de sémillon. Les vignobles légendaires de Cloudy Bay Vineyards se sont imposés comme la référence.

Sauvignon blanc, pinot noir, chardonnay et pinot gris sont tous cultivés dans les vignobles les plus méridionaux du monde.

OTAGO CENTRAL

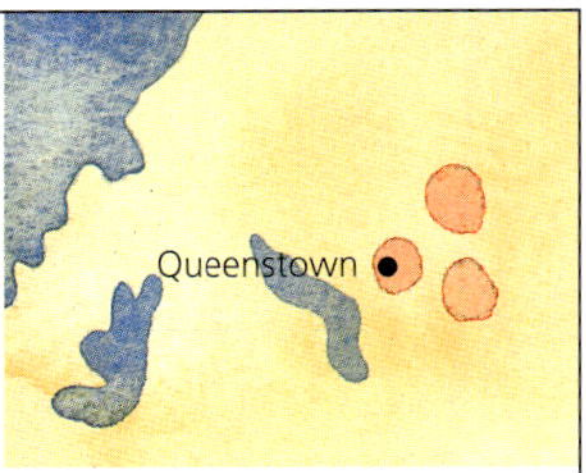

Le prix de la croissance la plus rapide revient à l'Otago central. Nombreux étaient ceux qui affirmaient pourtant qu'on ne pourrait jamais faire de vin si au sud – le vignoble et la cave Black Ridge Vineyard sont les plus méridionaux du monde. C'est également la seule zone de climat continental du pays, et les viticulteurs ont dû s'adapter (par exemple au gel, jamais bienvenu). En revanche, la consistance du vin varie plus qu'ailleurs selon les millésimes. Le chardonnay, le pinot gris et le riesling font merveille, mais c'est le pinot noir qui tient le haut du pavé.

Amérique du Sud

L'Amérique du Sud gagne de vitesse tous les autres pays avec ses vins juteux et fruités. Le Chili et l'Argentine ouvrent la voie, mais d'autres pays comme le Brésil, la Bolivie, la Colombie ou même Cuba s'imposent aussi.

Argentine

Commençons par le plus gros producteur de vin d'Amérique du Sud et le cinquième du monde. L'Argentine produit plus de vin que toute la Nouvelle-Zélande, et les investisseurs étrangers se battent pour conquérir une part de ce marché, encore relativement accessible. Le pays, qui regorge de terrains de qualité, est un paradis pour les viticulteurs.

La plupart des vignobles argentins sont situés autour de Mendoza, à 1 100 kilomètres à l'ouest de Buenos Aires. Le reste est dispersé plus au nord, à San Juan, à La Rioja et à Salta, ou bien, à l'extrême Sud, dans la région patagone du Río Negro.

L'Argentine compte plus de 1 000 caves, dont 600 à Mendoza.

La fonte des neiges andines irrigue toute l'année les vignobles de Mendoza, en Argentine.

Comment sont-elles arrivées là ? Grâce aux Européens, arrivés à la fin du XIXe siècle avec des pieds de vigne de chez eux : barbera, sangiovese, bonarda, torrontés, tempranillo et malbec. La consommation par habitant a d'abord été énorme – plus de 100 litres, puis, le Coca-Cola et la bière aidant, elle a baissé aujourd'hui à 42 litres.

Les Anglais boivent le reste, ainsi que les Américains et quelques autres – les rayons des supermarchés britanniques croulent sous les vins argentins, bon marché et agréables. L'Argentine est cependant en train de prouver qu'elle peut faire mieux et a récemment lancé une série de vins de très grande qualité.

Mendoza est située à 700 mètres d'altitude, mais ses vignobles montent jusqu'à 1 450 mètres dans les contreforts des Andes. Le ciel y est la plupart du temps dégagé, et la fonte des neiges alimente les rivières pendant les chauds étés, les températures nocturnes glaciales préservant l'acidité et l'intensité du raisin.

Cela n'a pas toujours été le cas. Les plaines poussiéreuses et désertiques qui s'étendent à l'infini au pied des montagnes ont longtemps porté la quasi-totalité des vignes argentines, alors irriguées par un réseau de canaux apportant l'eau des montagnes. Elles donnaient uniquement de gros raisins en abondance – de quoi produire au mieux des vins faciles à boire. Mais les Argentins ont appris quelques petites choses depuis dix ans ; ils ont vu ce qui se fait en Californie et ailleurs, et les « viticulteurs volants » les ont aidés. Aujourd'hui, chaque cave semble être en lien avec l'un ou l'autre de ces consultants de renom.

Si l'Argentine produit l'essentiel du vin d'Amérique du Sud, d'autres pays, comme le Pérou, font aussi du vin depuis des siècles.

Les Argentins ont commencé à planter dans les contreforts andins frais et accueillants, arraché l'ail autochtone, conservé les rendements bas, prêté plus d'attention au vignoble et utilisé de petits fûts de chêne, essentiellement français. Les résultats ont été à la hauteur des efforts déployés.

Le pays, encore en phase expérimentale, n'a pas encore décidé des cépages prioritaires, de sorte que, pour le moment, tous sont présents. Le cépage roi des rouges était récemment le malbec, qui brille ici alors qu'à Bordeaux il n'a jamais été plus que rustique.

Des zones spécifiques se sont déjà distinguées comme les meilleures pour certains cépages, comme Tupungato pour le chardonnay ou Agrelo pour le cabernet, et les partisans de l'obscur cépage espagnol torrontés se multiplient. Son fruité épicé et floral accompagne bien les mets parfumés.

Chili

Ce pays a parcouru beaucoup de chemin depuis les premiers colons et la joyeuse piquette des années 1980. À l'égal de Mendoza, c'est un paradis pour les viticulteurs, et les choses changent à la vitesse de l'éclair. Les cultivateurs quittent les fonds de vallées chauds pour les versants, où ils s'essaient à d'autres cépages ou clones. La question des sols ne se pose que depuis peu.

Le choix de cépages a lui aussi été long à fixer : nul ne se spécialisait, et tous expérimentaient une multitude de variétés, des sangiovese, mourvèdre, malbec, viognier, tempranillo, jusqu'à un obscur cépage catalan, le garro. Les controverses sur les clones et le choix des sites vont aujourd'hui bon train. Les principales régions sont l'Aconcagua et ses deux sous-régions Vallée de l'Aconcagua et Vallée du Casablanca, la Plaine centrale et ses sous-régions de Maipo, Rapel, Curicó et Maule, et le Sud avec des zones qui montent, comme Bío Bío.

Les viniculteurs étrangers, venus du monde entier – et principalement des femmes – sont aujourd'hui très nombreux. Les Chiliens sont en effet ouverts aux idées de l'extérieur et ne craignent pas de les mettre en pratique, tandis que les immigrés apprécient ce qu'ils trouvent au Chili et s'y installent durablement, se faisant une vie à leur goût avec vue sur les Andes.

Les investissements engagés sont énormes. Des rois du café soluble, de richissimes producteurs de fruits en boîtes ou des industriels pharmaceutiques placent leurs fonds dans des caves du style de Napa, sans compter les fils et filles de *bodegas* (caves) familiales qui, frais émoulus des écoles viticoles, tentent de greffer des cépages plus populaires sur les ceps démodés de moscatel et de sémillon de leurs parents pour produire des vins qui gagnent des récompenses à des milliers de kilomètres de là.

Les plus intéressants des développements récents sont dus aux cépages bordelais cabernet-sauvignon et merlot. Les rouges sont en plein essor, notamment depuis que l'université de Glasgow leur a attribué des vertus sanitaires (le cabernet chilien regorgerait de phénols, voir p. 168), et de nouveaux venus, comme la syrah et le pinot noir, font sensation.

Quant aux blancs, si leur niveau n'est pas encore international, ils se diversifient de plus en plus – en particulier le chardonnay, et pas seulement en raison de diverses utilisations du chêne, mais à cause des différences de sol et de microclimats : la disparité entre un chardonnay de Bío Bío et un du Casablanca sont de plus en plus nettes, et si le consommateur n'en a pas encore pris conscience, cela viendra.

Le sauvignon blanc est le deuxième espoir du Chili, où il acquiert des notes tropicales. Le pays fournit 27 % de la production mondiale – même si une bonne partie est en fait de la sauvignonasse, moins noble et plus molle en finale : les Chiliens ont été trompés par des Français qui ont envoyé les ceps, et ils les remplacent aujourd'hui progressivement.

La même histoire est arrivée avec le merlot : les Français ont envoyé un cépage bordelais peu connu, appelé carmenère, mais ce dernier, au lieu de causer le désastre attendu, donne parfois de meilleurs résultats que le vrai merlot. Le viognier est lui aussi un héros qui émerge et le proclame fièrement sur les étiquettes.

Uruguay

Si le Chili et l'Argentine fournissent l'essentiel du vin sud-américain, d'autres pays en produisent aussi depuis des siècles. La plupart sans grand résultat. Mais l'Uruguay possède un certain potentiel, veut désormais sa part des exportations et se prépare à la prendre. La production est à peu près identique à celle de la Nouvelle-Zélande (le marché intérieur est en bonne santé), et tous les vins ne sont pas ordinaires. On voit par exemple émerger des rouges moelleux et juteux issus de tannat, un cépage originaire du pays Basque.

L'Argentine n'est pas seulement le plus gros producteur de vin d'Amérique du Sud, c'est aussi le cinquième producteur mondial.

États-Unis

Les États-Unis, ou plutôt la Californie, ont été les premiers à lancer des « vins du Nouveau Monde » frais, fruités et abordables, entamant la suprématie européenne. De nombreux États ont développé une activité vinicole, de l'Oregon à l'État de New York.

Californie

Toute bouteille de vin américain bue dans le monde a de grandes chances d'être californienne – comme 90 % du vin des États-Unis. La Californie fait du vin depuis le milieu du XIXe siècle, avec quelques haltes et nouveaux départs : le phylloxéra, puis la Prohibition, une crise économique et une guerre. Elle fournit aujourd'hui des vins parmi les plus intéressants du monde à partir de quelques cépages, dont le chardonnay, le merlot, le pinot noir et le cabernet-sauvignon.

Déguster un cabernet de la vallée de Napa suffit pour comprendre. Surnommé le « pauillac du Far West », il se caractérise par un fruité dense de cerise noire au chocolat, de menthe et de cèdre. Napa Valley possède la plus forte concentration de vignobles et de caves de l'État et produit les vins les plus prestigieux des États-Unis – et aussi les plus chers. La qualité n'est pas toujours à la hauteur du prix, mais, dans le pays le plus riche du monde, on peut tout se permettre.

À leur sortie, les premiers vins sont mis aux enchères à des prix ridicules aux yeux des milliardaires de la Silicon Valley, confirmant ainsi leur statut culte. Les premiers sites atteignent des prix encore plus incroyables, mais on en a vite fait le tour (la région n'est longue que de 30 kilomètres).

Napa possède également le plus grand nombre d'*Approved Viticultural Areas* (AVA), telles que Stag's Leap, Howell Mountain et Oakville. Les AVA incarnent une identité régionale et sont utilisées dans tout le pays : la mention AVA indique que le vin contient 85 % de raisin de cette zone ; la mention d'un cépage signale que le vin doit en être composé à 75 % ; enfin, si un vignoble est mentionné, le vin doit en provenir à 95 % ; de même pour un millésime.

Après les caves et demeures clinquantes de la Napa Valley, la région voisine de Sonoma apporte une bouffée d'air frais. Elle produit également des vins de qualité mais plus abordables (le prix du terrain est moitié moins cher). La région est l'une des plus variées de Californie, avec des poches de climat côtier frais, comme Russian River pour le pinot noir, et des zones chaudes telle Dry Creek Valley pour un zinfandel exceptionnel.

Le zinfandel se comporte particulièrement bien plus au sud, dans la région de la côte centrale San Luis Obispo – quatrième zone de culture côtière de Californie après Sonoma, Napa et Monterey. La zone reine des rouges se situe cependant autour de la ville de Paso Robles. Encore plus au sud, le comté de Santa Barbara est considéré par les experts comme la prochaine Napa – en trente ans, la région est passée de quasi rien à un marché de 100 millions de dollars. Le pinot noir et le chardonnay de la Santa Ynez Valley sont étonnants, et les cépages du Rhône ont véritablement explosé.

Santa Barbara, en Californie, est en passe de devenir une région star du monde viticole.

Les autres zones viticoles de Californie comprennent Mendocino, Carneros, Santa Cruz Mountains, Lake County, Alameda, Santa Clara, San Benito et Sierra Foothills.

Nord-Ouest Pacifique

Bien sûr, l'Idaho ne donne pas sur le Pacifique, mais c'est néanmoins l'un des trois États qui forment le Groupement viticole du Nord-Ouest Pacifique *(Pacific Northwest Wine Coalition)*, créé en 1991. Les deux autres sont l'État de Washington et l'Oregon.

L'Idaho démarre tout juste, avec une vingtaine de caves concentrées dans le Sud-Ouest, le long de la Snake – l'Oregon en

Le pinot noir de l'Oregon égale certains des meilleurs bourgognes.

possède cinq fois plus. La scène vinicole dans cet État se composait autrefois de quelques petits producteurs mais, à présent, de grandes entreprises s'y sont installées, qui investissent dans les essais de clones et le choix des sites.

Le pinot noir est ici la star incontestée. Lors d'une dégustation anonyme, en 1980, un viticulteur de l'Oregon qui avait glissé son pinot noir parmi une série de grands bourgognes s'est vu décerner le deuxième prix – la région attire depuis de nombreux investisseurs en quête du meilleur pinot.

L'Oregon commence aussi à se faire connaître pour d'autres cépages, notamment le pinot gris, qui supplante presque désormais le chardonnay, pourtant facile à écouler (l'Oregon serait trop pluvieux pour le chardonnay, affecté d'une acidité grinçante et d'un fruit maigre).

La vallée de la Willamette est la plus fraîche et la plus humide des trois régions viticoles et regroupe les deux tiers des caves de l'Oregon. D'autres districts viticoles sont situés dans le sud de l'État : la vallée de l'Umpqua, la région de Rogue River (et sa sous-appellation d'Applegate) et les vallées de l'Illinois et du Rogue. Enfin, on trouve quelques vignobles dans les zones désertiques de l'Est, la Columbia Valley et la Walla Walla Valley.

Alors que l'Oregon est battu par les pluies de novembre à avril, l'État de Washington souhaiterait davantage de précipitations pour ses vignobles fleuris d'amarantes. Les variations de température entre le jour et la nuit peuvent y atteindre 10 °C, les chaleurs estivales culminant à près de 40 °C et les froids glaciaux de

La plupart des caves de l'Oregon se trouvent dans la Willamette Valley.

La vallée de Walla Walla (État de Washington) produit un raisin d'une richesse intense.

l'hiver à –30 °C. Il paraît incroyable que du raisin puisse survivre à une telle rigueur climatique, mais les ceps apprennent rapidement à s'endurcir, et l'intensité du fruit se développe grâce aux heures de soleil supplémentaire. Les producteurs déménagent progressivement leurs vignobles des fonds de vallées chauds vers les collines mieux protégées, les plus hardis se réservant les meilleurs sites, dont les premières caves de la région se disputent le fruit.

La région possède quatre appellations principales et six sous-appellations. La plus grande est Columbia Valley. Yakima Valley est beaucoup plus petite, puis viennent Walla Walla et Puget Sound. Si le merlot se comporte particulièrement bien, la syrah s'impose – l'État semble fait pour elle. Des blancs fins sont également produits à partir de chardonnay, riesling, sémillon et sauvignon blanc.

État de New York

L'industrie vinicole de l'État de New York connaît actuellement un véritable essor. La région, aujourd'hui distancée par les zones déjà citées, produit en fait du vin depuis plusieurs dizaines d'années et a même été le deuxième producteur des États-Unis. Comme dans de nombreuses régions qui montent, on a aujourd'hui investi de l'argent dans les technologies de pointe et plus de réflexion dans la sélection des cépages. Les lacs Finger donnent la majorité des vins de l'État – seule leur présence rend la viticulture possible en protégeant les ceps du gel et en tempérant le climat en hiver. On y trouve des chardonnays et des rieslings corrects, mais aussi des cabernets-sauvignons et merlots. Sans oublier les vins mousseux et les vins de glace.

Les vignobles de Long Island ont l'air aussi superficiels que les maisons de l'île. La région est la plus chaude de l'État et profite à des cépages comme le cabernet-sauvignon. Elle est divisée en deux AVA : les Hamptons et North Fork. Les meilleurs cépages rouges sont le merlot et le cabernet franc, et, du côté des blancs, le sauvignon blanc.

L'État de New York compte deux autres régions viticoles : le lac Érié et l'Hudson.

Autres États

Parmi les autres États, trente-six (dont Hawaii) produisent du vin. Ils ne brillent guère, à part quelques stars au Nouveau-Mexique, dans le Maryland, en Virginie et en Arizona.

Les vignobles de North Fork (État de New York) ne produisent qu'une petite quantité de vin, mais sa qualité est à surveiller.

Canada

Les vins canadiens ont jadis été malmenés par la presse spécialisée – avec notamment l'argument que «seuls les vins de glace valaient la peine». De fait, ceux-ci sont délicieux. Issus principalement de raisins riesling cueillis au cœur de l'hiver, ce sont des nectars d'une douceur inégalée.
Le Canada est néanmoins en voie de produire de grands vins de table. Il s'est même doté de son premier centre de recherches et d'enseignement à l'université Brock d'Ontario. Bien sûr, ces vins ne sont pas encore aboutis – il reste des expérimentations à mener, mais l'investissement, lui, est là, et donc le savoir-faire. Même des producteurs bourguignons prennent des participations dans de nouveaux vignobles – c'est tout dire.

Les cépages

Tout pousse au Canada : chardonnay, gamay, gewurztraminer, cabernet franc, merlot, riesling, pinot blanc, pinot noir, viognier, chenin blanc, ehrenfelser (croisement de riesling et de sylvaner), maréchal foch (hybride français rustique à maturation précoce qui donne des vins fruités et peu charnus), baco noir (bacon fumé et riche fruit noir) et vidal (hybride français à peau épaisse qui convient bien au vin de glace).

Les régions

Si quatre des dix provinces canadiennes conviennent à la culture de la vigne, la majorité des vignobles se trouvent dans seulement deux : la péninsule du Niagara,

Le paysage idyllique de la vallée de l'Okanagan séduit les viticulteurs depuis trente ans.

en Ontario, et la vallée de l'Okanagan, en Colombie-Britannique. Si vous visitez les deux régions, finissez par la Colombie-Britannique, sinon son merveilleux paysage ne fera qu'accentuer la monotonie de l'Ontario.

Néanmoins, les lacs – l'eau est omniprésente – exercent sur le climat de ce dernier une influence modératrice, et si les étés y sont parfois chauds et humides, les températures mensuelles moyennes sont comparables à celles d'autres régions chaudes productrices de bons vins. L'Ontario fournit 75 % du vin canadien, en de nombreux styles différents, pour la plupart blancs. Les vignobles sont presque tous situés sur la péninsule du Niagara – on parle ici de *benches,* ou zones aux sols différents sous une haute crête appelée Escarpement du Niagara : chaque *bench* donne un caractère différent au vin. Le riesling est l'un des meilleurs : élaborés par des mains expertes, les vins sont somptueux, malgré la tendance actuelle à se détourner du cépage qui les rend trop rares.

En Colombie-Britannique, les vendangeurs doivent lutter contre les ours affamés. Ici, presque tous les vignobles sont situés dans la vallée de l'Okanagan, dont un lac occupe le centre. La région est divisée en deux parties : le Nord, frais, où les blancs aromatiques comme le pinot gris et le riesling donnent de bons résultats, et le Sud, chaud et aride, avec ses cabernets et merlots au goût de sauge – le merlot est aujourd'hui le cépage le plus réussi au Canada. La viticulture n'a commencé ici que vers 1970, mais, grâce à une poignée de vignerons enthousiastes, la région est sur le point de réaliser son potentiel.

La qualité

Vérifiez que la bouteille porte le sceau VQA *(Vintners Quality Alliance).* Cette charte fixe les règles et veille à leur respect. On distingue deux niveaux de qualité. D'abord, la « Désignation de la province » ; les vins peuvent être issus d'un ou de plusieurs cépages *Vitis vinifera* ou d'hybrides (d'une liste approuvée) cultivés dans ladite province ; les vins de cépages doivent contenir 85 % du cépage concerné. Ensuite, la « Désignation géographique », réglementation plus sévère fondée sur la notion de DVA *(Designated Viticultural Area)* ; au moins 85 % du raisin doivent provenir de la zone viticole mentionnée.

À St. Catherine's (Ontario), cueillette des raisins riesling destinés au vin de glace.

Autres pays

Ces deux pages constitueront une véritable révélation pour tous ceux – nombreux – qui ignorent que le Japon, l'Inde ou la Chine font du vin. Quant aux régions d'Europe méconnues, elles sont d'un abord relativement facile, et qui sait si la Grèce ne sera pas bientôt un eldorado de la vitiviniculture?

Les Alpes forment une toile de fond des plus spectaculaires aux vignobles enneigés du Valais, la principale région viticole suisse.

Suisse

Il faudrait s'excuser auprès de la Suisse de la reléguer parmi les « autres pays », mais son rôle sur les rayonnages des magasins reste limité, même si elle tente d'y remédier et fait son possible pour briller hors de ses frontières. Cependant, si ses vins se vendent sans problème *intra muros,* une fois ajoutés les taxes et droits divers, ils sont trop onéreux.

Ces vins ne sont pas très nombreux. Le chasselas est le cépage le plus planté, et s'il est rarement avantageux ailleurs, il peut donner en Suisse des vins très intéressants. On trouve également d'autres cépages insolites, comme la petite arvine, l'amigne et l'humagne blanc, ainsi que de plus connus, tels le gamay, le pinot noir et le merlot.

Les vignobles sont presque tous situés dans les cantons francophones, et le Valais se taille la part du lion.

Luxembourg

Curieusement, le Luxembourg possède une petite industrie vinicole prospère. La plupart des cépages germaniques sont plantés sur les rives de la Moselle. Ils ne méritent malheureusement pas plus, car les vins s'imposent rarement hors du pays et ne sont guère en mesure de susciter le moindre intérêt.

Moldavie et Monténégro

La Moldavie et le Monténégro font aussi du vin, bien qu'on ne le voie guère chez nous. Les deux pays ont encore une longue route à parcourir pour maîtriser pleinement le concept de marketing, mais le potentiel existe, du moins au Monténégro.

Grèce

La même analyse vaut pour la Grèce, dont les vins suscitent de moins en moins l'intérêt. En termes de qualité, de modernisation et d'investissement, ce pays se place au dernier rang de l'Europe. Pourtant, là encore, les choses changent, et le vin grec – pas seulement le retsina – a fini par atteindre nos cavistes. On trouve des vins de domaines issus de cépages locaux et intéressants comme le xynomavro, l'agiorgitiko ou le moscophilero – qu'heureusement les producteurs grecs, tout en cultivant également des cépages internationaux, tiennent à faire évoluer.

Chypre

Les vins mutés viennent tout de suite à l'esprit. Pourtant, Chypre fait aussi des rouges légers tout à fait buvables. Les nouvelles plantations de grenache et de carignan prospèrent, à côté de cépages locaux comme le mavro, le promara ou le maratheftico. Grâce à de nouveaux investissements, la gestion du vignoble s'est sensiblement améliorée.

Croatie et Macédoine

La Croatie et la Macédoine méritent d'être mentionnées – brièvement, car, si elles produisent des vins de pays corrects, le climat social et politique freine le développement, et on ne peut s'attendre à voir l'un de ces vins dans nos magasins.

Turquie

La Turquie aussi mérite d'être mentionnée, mais seulement en passant, car rien d'intéressant ne quitte ses rivages, ni d'ailleurs n'y reste. La petite production vinicole (essentiellement destinée aux touristes) est peu moderne et comprend des rouges maigres, alcoolisés, et des blancs oxydés.

Inde

L'Inde possède un secteur vinicole en plein essor. Français, Américains, Australiens et autres y trouvent des opportunités d'investissement, depuis que la demande en vin du pays a commencé de croître. Certains sont d'ailleurs déjà sur place, et des consultants de renom s'activent auprès des caves existantes. Des cépages comme l'ugni blanc, le chardonnay, le colombard et le pinot blanc, plantés à haute altitude, donnent des pétillants et des blancs passables. Les rouges, du cabernet-sauvignon au pinot noir, viennent en seconde position.

Chine

La Chine elle aussi n'a pas fini de nous surprendre. Elle produit autant de vin que le Chili, mais nul n'en entend parler, car son immense population en consomme l'essentiel. Là encore, le pays intéresse beaucoup les investisseurs étrangers. La péninsule de Shandong est la région la plus active, des cultivateurs occidentaux assistant les producteurs locaux. On trouve déjà des chardonnays corrects, ainsi que des vins issus de cépages allemands, ou même russes.

Japon

Le Japon cultive la vigne depuis la nuit des temps, mais plus pour en manger les fruits que pour faire du vin. Le cépage le plus répandu est le koshu, et l'on trouve une poignée de cépages européens. Précisons toutefois que la plus grande partie du pays et son climat ne conviennent pas à la production de vin.

La production de vin chinoise a atteint un bon niveau et semble destinée à un brillant avenir.

viticulture et vinification

Levons maintenant le voile sur tous les *a priori* du vin avec un chapitre technique. Les connaissances de base sont relativement simples, mais ensuite, vous ne pourrez plus regarder un vignoble sans passer les doigts dans la terre ni observer la taille – et peut-être pourrez-vous même affirmer avec quelque autorité que les rendements semblent un peu élevés. Enfin, vous tomberez amoureux d'un champignon à l'aspect peu ragoûtant et vous verrez d'un autre œil les boissons « démodées » comme le xérès ou le madère. Sans oublier le plus intéressant, la preuve formelle que boire un peu de vin chaque jour est bon pour la santé. Alors, profitez-en !

Le terroir avant tout

La tradition veut que les meilleurs vins viennent sous des climats frais, mais cela signifie souvent des précipitations abondantes et un ensoleillement insuffisant.

C'est toujours au viticulteur que l'on attribue le mérite d'une bonne bouteille. Il est vrai que son travail est essentiel : la technologie actuelle permet de transformer même une mauvaise récolte en un breuvage acceptable. Mais rien n'influence autant le goût du vin que la matière première et les conditions dans lesquelles elle est cultivée.

On a déjà vu que les différents cépages avaient une influence très importante sur le goût du vin. Cependant, les principaux responsables de sa personnalité sont le lieu et la méthode de culture du raisin – la géologie et le climat d'une zone sont souvent uniques.

On ne peut simplement pas planter de la vigne n'importe où (bien que le Japon et la Thaïlande s'y essaient). Dans l'idéal, les hivers doivent être froids – assez pour permettre aux ceps de « s'endormir » et d'économiser leur énergie jusqu'au printemps –, puis suivis de soleil au début de la floraison et, si possible, jusqu'aux vendanges, avec juste ce qu'il faut de pluies estivales et de douces brises pour sécher les plants, et les automnes doivent être longs et secs.

Les régions viticoles du monde sont réparties dans deux bandes autour du globe : les zones tempérées, entre 50° et 30° de latitude dans l'hémisphère Nord et entre 30° et 50° dans l'hémisphère Sud.

Il a longtemps été de règle que les zones plus fraîches et plus éloignées de l'équateur faisaient les meilleurs vins, tandis que celles plus chaudes ne pouvaient que produire en masse des vins buvables. Mais, aujourd'hui, les viticulteurs sont nombreux dans les pays

Le Languedoc est situé presque au centre de la zone tempérée de l'hémisphère Nord.

chauds à vendanger plus tôt et à mieux gérer leurs vignes, usant de multiples astuces pour reproduire les conditions des autres régions.

Plus l'équateur est proche, plus il est difficile de produire des vins de qualité. En effet, les pluies tropicales causent des maladies fongiques et, en l'absence d'hiver, la vigne ne peut se reposer et continue de produire des fruits à peine mûrs, donnant jusqu'à trois récoltes par an lors de « saisons » artificiellement modifiées par les tailles et l'irrigation.

Cela dit, il pleut aussi beaucoup sous les climats frais. Le soleil peut même être rare dans certaines zones, où l'on cherche alors les coins les plus ensoleillés – les versants orientés au sud qui absorbent tous les rayons, de l'aube au crépuscule.

Sous les climats frais, le soleil – ou plutôt son absence – est le principal problème que rencontrent les viticulteurs, car, certaines années, le raisin ne peut parvenir pleinement à maturité même sur les coteaux exposés au sud. Or, pour donner du vin, le sucre du raisin doit être transformé en alcool par les levures et doit pour cela être présent en quantité suffisante – et c'est le soleil qui sucre le raisin.

Les intempéries, surtout le gel ou la grêle à la fin du printemps, pendant la floraison, peuvent également causer des dégâts en limitant le nombre de fleurs fécondées – et donc la quantité de fruits.

Et s'il y a trop de soleil ? Il faut irriguer. Bien des vignobles du Nouveau Monde n'existeraient pas sans irrigation. Pourtant, celle-ci est encore regardée d'un œil soupçonneux par de nombreux Européens, qui ne manquent pas d'eau de pluie. Il est vrai que l'irrigation n'est soumise à aucune des régulations appréciées des viticulteurs (qui se plaignent de rendements trop élevés dus à un usage excessif de l'irrigation), mais les systèmes sont aujourd'hui suffisamment sophistiqués pour calculer les besoins exacts du sol et du raisin.

Planter un vignoble sur un versant exposé au sud (dans l'hémisphère Nord) garantit une exposition maximale aux rayons du soleil.

Au niveau du sol

Dans le Mâconnais, les vignobles s'étalent au bas des pentes sous l'imposante roche de Solutré, visible de loin.

Une fois trouvé le site parfait, le choix des ceps et leur plantation vont eux aussi déterminer la qualité du fruit. L'endroit idéal est à mi-pente – les vignes plantées sur terrain plat sont moins exposées, mal drainées et sujettes au gel, tandis que le bas de la colline peut être trop humide si une rivière coule à proximité. Une plantation à mi-pente garantit donc l'ensoleillement optimal et le meilleur drainage. En revanche, planter trop haut risque de voir la maturation du raisin compromise par la fraîcheur. Quant au sommet, trop froid, trop venteux et pas assez ensoleillé s'il est boisé, mieux vaut l'oublier.

Différents sols conviennent à différents cépages. Or le sol – ou plus exactement son drainage – détermine aussi le goût du vin : un sol bien drainé est chaud ; un sol détrempé, froid ; et c'est la température du sol, plus encore que celle de l'atmosphère, qui lance le bourgeonnement. Un sol bien drainé n'en est pas pour autant toujours préférable à un épais sol d'argile humide – il peut être sujet au gel ou réfléchir trop de chaleur sur le raisin –, tandis qu'un sol argileux froid peut retarder la maturation de cépages précoces, comme le merlot, et donner ainsi davantage de structure au vin.

Mais comment le sol peut-il déterminer le goût du raisin ? Prenons le chardonnay : cultivé sur des sols calcaires à Chablis, il donnera des vins au goût minéral de pierre à fusil, tandis que, sur les sols argileux de Californie, il sera beaucoup plus lourd.

Les sols d'ardoise comme ceux de la Moselle, en Allemagne, retiennent bien la chaleur et compensent ainsi le manque d'ensoleillement.

Quatre types de sol dominent. Tout d'abord la craie. Elle est bien drainée et force la vigne à travailler plus dur. Tous les cépages n'apprécient pas les sols alcalins, mais ceux qui donnent le mieux sur des coteaux crayeux, comme le chardonnay, font des vins blancs pleins de caractère, avec pour caractéristique essentielle leur acidité – penser à la Champagne, à Chablis ou à Sancerre.

Le granit vient ensuite. Les roches tiennent lieu de réflecteur et renvoient la chaleur du soleil sur les raisins pour donner de grands rouges très alcoolisés, comme le châteauneuf-du-pape.

Les sols graveleux sont fréquents sur les côtés des vallées fluviales – la vigne préfère les sols pauvres et bien drainés, ses racines s'enfoncent alors profondément pour trouver des éléments nutritifs. Le cabernet-sauvignon adore ce type de sol (penser à l'appellation bordelaise de Graves, nom proche de « gravier »). Cependant, tout dépend des autres composants du sol : si le gravier recouvre de l'argile, l'acidité du vin sera moindre qu'avec du calcaire.

Enfin, l'ardoise. Ces sols extrêmement minéraux conviennent parfaitement à certains cépages et retiennent efficacement la chaleur dans certaines régions, telle la Moselle allemande, ce qui compense le manque d'ensoleillement.

Dans une même région, les choses peuvent changer d'un hectare à l'autre. À travers les siècles, certaines parcelles ont toujours donné de meilleurs vins que leurs voisines, quels que soient les efforts déployés. Ainsi dans le Bordelais – les grands premiers crus y sont célébrés depuis le XIXe siècle – ou en Bourgogne, avec sa hiérarchie complexe de vignobles et d'appellations. Autant de facteurs résumés dans le terme « terroir » désignant la combinaison du sol, de la configuration du terrain et du climat.

UN INSECTE VORACE

Phylloxéra. Un mot qui fait frémir les viticulteurs. Ce minuscule puceron n'aime rien tant que dévorer les racines des ceps *vinifera* – et peut détruire tout un vignoble. À la fin du XIXe siècle, le phylloxéra a ainsi anéanti la plupart des vignobles français avant de partir à l'attaque du reste du monde. Une solution a finalement été trouvée : greffer les ceps *vinifera* sur des porte-greffes américains, afin que les parties vulnérables de la plante deviennent résistantes, et les pépinières du monde entier travaillent à élever des porte-greffes résistants, mais le phylloxéra resurgit de temps à autre, comme dans les années 1990 en Californie du Nord, où un coûteux programme de replantation est encore en cours.

Planter et cultiver

Le vignoble est prêt, le type de sol repéré, le climat étudié, vous savez quelle vigne (et quels clones) planter, et sur quels porte-greffes résistants au phylloxéra. Mais à quelle distance planter les ceps ? Comment les tailler ? Les former ? Il se pose encore bien des questions aux vignerons amateurs !

Beaucoup des viticulteurs de l'Ancien Monde ont déjà pris toutes les décisions – ce qui ne veut pas dire que tout progrès ne soit pas bienvenu, car le succès que connaissent les vins à boire sans attendre implique de nombreux changements. Une meilleure gestion du feuillage, par exemple, peut donner un raisin plus mûr et donc des vins à dominante plus fruitée ; associée à un égrappage mécanique, elle permet d'obtenir des vins à consommer dans les deux ans – contre cinq ans autrefois.

Voyons la densité de plantation. Dans le nord pluvieux de la France,

Choisir une méthode de culture revient à jongler avec de multiples facteurs. Ces raisins sauvignon blanc présentent des signes de coup de soleil.

elle peut atteindre 10 000 pieds à l'hectare, tandis que, dans les plaines arides d'Espagne où chaque plant doit bénéficier d'une plus grande superficie pour satisfaire ses besoins en humidité, on ne dépasse pas 1 400 pieds.

L'espacement entre les lignes diffère également de l'Ancien au Nouveau Monde. Les vignobles européens prévoient le passage d'une personne (ou jusque récemment un cheval) entre les rangées, et les machines éventuelles sont adaptées aux lignes de plants relativement bas. En revanche, de nombreux vignobles du Nouveau monde ont été conçus pour les vendanges mécaniques, et l'espace entre les rangées peut atteindre 3 mètres.

La direction de plantation des ceps – du nord au sud ou de l'ouest à l'est – demande aussi réflexion et doit prendre en compte les caprices du climat et de la géographie – vent, soleil, érosion des sols.

La formation des vignes fait l'objet de plusieurs théories. Une ancienne méthode laissait les ceps croître sans soutien, à la manière de buissons. Aujourd'hui, la méthode la plus répandue consiste à les palisser le long de fils de fer pour en contrôler la vigueur – le nombre de feuilles – et prévenir la propagation des maladies. La taille permet une meilleure circulation de l'air (pour éviter que les raisins ne pourrissent). Les possibilités sont innombrables, de la taille Guyot (simple ou double) au rideau double Geneva, au Kniffin à quatre bras et au gobelet.

La phase suivante est la gestion du feuillage. Il s'agit de « sculpter » la vigne :

l'exposer à de fortes pluies favorise une vigueur accrue susceptible ensuite de cacher les grappes aux précieux rayons du soleil. L'importance et la date des tailles affectent le rendement final.

Enfin, on voit parfois sur les étiquettes la mention « vieille vigne ». Un cep donne une récolte exploitable à partir de trois ans, puis produit régulièrement jusqu'à vingt ans environ ; ensuite, le rendement commence à baisser – mais pas forcément la qualité du raisin, qui en fait augmente souvent, ce qui explique que tant de producteurs tiennent à la mention « vieille vigne » (entre dix et cent ans, sans plus de précision).

Les rangées des vignes de l'Ancien Monde (ici dans le Basilicate, en Italie) sont traditionnellement assez espacées pour permettre le travail du sol, les soins des ceps et les vendanges à la main. Dans le Nouveau Monde, la plupart des vignobles ont été conçus pour la mécanisation, et les rangées sont donc plus écartées.

L'objectif de tout viticulteur est d'obtenir des fruits dont le sucre de raisin (produit par le rayonnement solaire et l'eau au cours de la photosynthèse) soit équilibré par un taux suffisant d'acidité – l'accroissement du taux de sucres a pour conséquence un accroissement des délicieuses saveurs du fruit.

Les vendanges

Vendanger au soleil donne soif. Et fait mal au dos, car il faut se pencher, s'accroupir pour écarter les feuilles, repérer et couper les plus belles grappes. Mais, avant la vendange, que s'est-il passé dans la vigne ?

Commençons par l'hiver. Le vignoble ne donne aucun signe de vie, des souches noircies aux branches nues et grêles sortent de la terre dure. Les ceps se sont refermés afin d'économiser leur énergie jusqu'au printemps. En effet, mener à bien une récolte est épuisant pour la vigne. Dans les climats très froids – au Canada et parfois en Allemagne ou en Autriche –, on laisse des raisins sur pied afin qu'ils accumulent du sucre et finissent par geler, donnant alors un vin doux incroyablement concentré appelé vin de glace (voir les vins doux p. 34). À cette saison, il ne se passe guère que la taille. Il est important de tailler à ce moment de l'année, surtout dans les régions froides, car c'est le principal moyen (avec une forte densité de plantation) pour le viticulteur de calculer le rendement en prenant la décision essentielle du nombre de grappes que chaque cep donnera.

Qu'est-ce que le rendement ? En Europe, la quantité de vin produite par le raisin est mesurée en hectolitres par hectare ; aux États-Unis, c'est en tonnes de raisin par acre. Les chiffres dépendent des cépages, du type de vin produit et du pressurage. Pour les vins de qualité, le rendement standard accepté est généralement bas, surtout sous les climats frais.

Les vendanges manuelles nécessitent beaucoup de main-d'œuvre et peuvent représenter un travail éreintant.

Après un an passé à protéger amoureusement son raisin du gel, des oiseaux et des effets desséchants du soleil, le cultivateur décide qu'il est temps de le cueillir.

Au printemps, de minuscules pousses vertes émergent des bourgeons laissés par les tailles d'hiver. Pour éviter le gel – le principal danger –, les méthodes sont diverses, des systèmes de chauffage placés à l'extrémité de chaque rang aux hélicoptères survolant le vignoble pour réchauffer l'air. Les premiers dégâts sur la vigne se produisent à partir de –5 °C. À mesure que le printemps avance, les nuisibles posent également problème.

Les huit à quinze jours de floraison se situent au plus tard douze semaines après l'apparition des premiers bourgeons. Certains de ceux-ci sont alors fécondés et deviendront des fruits. Là encore, le temps influe sur l'abondance de la récolte.

L'été, le soleil transforme les graines dures et vertes en fruits gras et juteux. S'ils sont trop nombreux, on procède à des vendanges vertes (ou éclaircissage), qui consistent à supprimer certaines grappes pour favoriser la maturation des autres. On peut aussi effeuiller pour mieux laisser passer les rayons du soleil et faciliter la maturation – c'est alors que les oiseaux commencent à s'intéresser aux vignes, et un filet de protection peut devenir nécessaire.

L'acidité va ensuite diminuer, et le raisin s'adoucir et prendre couleur – c'est la véraison. Puis tout s'accélère, et de petites pluies estivales seront les bienvenues pour protéger le raisin des effets desséchants du soleil – à défaut d'un tel luxe, l'irrigation s'impose.

Le fruit mûrit et l'automne s'annonce. Vient le temps des vendanges. Le viticulteur doit alors choisir le bon moment : faut-il laisser les fruits encore quelques jours sur pied pour en accroître la teneur en sucres, au risque d'essuyer du mauvais temps, ou vendanger tout de suite ? Les prévisions ne se réalisent pas toujours.

Le grand moment arrive. Les vendanges. Le raisin est transporté avec précaution à la cave, où il sera pressé et transformé en vin.

Des paniers d'osier remplis de pinot noir.

L'élaboration du vin blanc

Séparés de leurs rafles, les raisins passent dans une machine qui les broie.

On peut faire du vin blanc à partir de raisin noir – même si ce n'est pas très fréquent, sauf en Champagne avec le pinot noir et le pinot meunier. Il suffit d'éviter le contact avec les pellicules et la macération avec des raisins à peau sombre.

Avec des raisins blancs et un matériel en acier inoxydable irréprochable – la propreté est plus que jamais de mise pour la vinification en blanc, beaucoup plus que pour le rouge –, tout repose sur le contrôle afin d'éviter les excès d'oxygène ou de bactéries.

L'essentiel de la récolte et du broyage a lieu tôt le matin, surtout dans les climats chauds. L'objectif est d'extraire le plus vite possible le jus des raisins pour le faire fermenter et mettre le vin en bouteilles – ou l'enfermer dans du chêne – afin de conserver le plus possible les délicieuses saveurs du fruit. C'est tout l'art de faire du vin blanc.

Le processus de vinification

Le raisin est cueilli et trié – les grains pourris sont éliminés –, puis porté à la cave le plus vite possible pour éviter qu'il ne s'écrase sous son propre poids et ne s'oxyde.

Pour les vins blancs secs légers et non boisés, les raisins sont séparés de leurs rafles et broyés par un fouloir. On ajoute de l'anhydride sulfureux (SO_2) pour éviter que le jus ne s'oxyde et pour tuer les bactéries ou les levures sauvages – c'est ce qui donne parfois une odeur d'allumette brûlée à l'ouverture d'une bouteille de blanc non boisé ou de vin doux ; il suffit alors d'aérer le vin pour qu'elle disparaisse rapidement.

Les raisins broyés sont ensuite pressés, le jus est pompé dans une cuve froide en acier inoxydable pour le débourbage, et on ajoute des levures. Encore un sujet brûlant : quelles levures ? Autrefois, les viticulteurs comptaient uniquement sur les levures « sauvages », qui peuvent être longues à agir. Aujourd'hui – surtout dans les nouvelles régions viticoles –, on emploie des levures commerciales plus prévisibles – sauf bien sûr les nombreux viticulteurs dissidents, qui affirment que les levures naturelles donnent plus de complexité au vin. La fermentation commence alors. Elle peut être rapide, lente, chaude ou fraîche – pour les blancs, la norme est de 10 à 25 °C.

Les caves modernes disposent de pupitres de commande futuristes permettant de réguler la température de chaque cuve en appuyant simplement sur un bouton. En effet, le viticulteur peut décider des saveurs et du caractère d'un vin en agissant sur la température de fermentation. En règle générale, plus la température est basse, plus le vin sera fruité, et les blancs, dont le goût dépend des arômes primaires du fruit et qui n'ont nul besoin de favoriser l'extraction, fermentent presque toujours à plus basse température que les rouges.

La fermentation prend fin quelques jours plus tard. Le vin nouveau est alors pompé dans une autre cuve pour le séparer de ses lies (cellules de levures mortes et autres particules solides déposées au fond des cuves). La température est de nouveau réduite et on ajoute un agent floculateur, tel que du blanc d'œuf, pour agglomérer toutes les particules qui flottent encore dans le vin : c'est le collage. L'œuf sert uniquement à attirer les éléments solides et est ensuite retiré du vin.

Si l'ensoleillement n'a pas été suffisant et que la teneur en sucres du raisin est basse, on peut en ajouter pour augmenter le taux d'alcool : c'est la chaptalisation. S,i en revanche, l'acidité est insuffisante, on pourra ajouter de l'acide tartrique ou citrique – mais on ne peut faire les deux, chaptaliser *et* acidifier.

Le vin est ensuite filtré et mis en bouteilles.

Vins blancs bien en chair

Pour les vins blancs secs charnus et boisés, les règles sont les mêmes jusqu'à la fermentation. Puis le vin nouveau est pompé dans des fûts de chêne, où il reste de six à huit mois, le temps d'absorber les saveurs de vanille du chêne, d'arrondir le fruité et d'acquérir des tanins qui garantiront sa longévité et une plus grande complexité. L'élevage en fûts ne convient cependant pas à tous les cépages blancs – mais le chardonnay, par exemple, adore le chêne.

Les caves modernes possèdent des cuves futuristes en acier inoxydable et des pupitres de commande très élaborés.

Le vin est ensuite pompé dans une cuve, puis stabilisé, collé (voir p. 172), filtré et mis en bouteilles.

Le type et la taille du fût choisi auront une influence décisive sur le goût du vin. Des fûts neufs lui donneront une saveur de chêne plus prononcée que des fûts anciens, et des petits plus que des grands. Le chêne américain donne une saveur plus nette que le français ; le chêne d'une forêt peut différer de celui d'une autre, etc. Voir à ce sujet la partie consacrée au chêne dans l'élaboration du vin rouge (p. 160-161).

Les fûts de chêne sont chers. Et de très nombreux blancs boisés à moindre coût n'ont jamais vu un fût, mais des copeaux ou des lamelles. Ajouter un sac de copeaux de chêne ou suspendre des lamelles de chêne dans une cuve en acier inoxydable pendant la fermentation permet d'obtenir instantanément une saveur boisée. Le vin sera moins complexe et ne présentera pas tous les avantages du vieillissement en fût, mais, pour accompagner un sandwich ou un en-cas sur le zinc, c'est une option économique.

La personnalité du vin

De même que chaque grand chef a son coup de main, chaque viticulteur a sa propre méthode, et la personnalité d'un vin dépend du talent et de l'intuition du vinificateur. Par exemple, la température de fermentation et sa durée sont des facteurs clés, ainsi que le choix de fûts – et donc leur âge et leur taille – ou de cuves en inox, et celui des souches de levures utilisées.

Il faut aussi compter avec la fermentation malolactique – malo pour les initiés. Presque tous les vins rouges et de plus en plus de blancs (généralement boisés) subissent cette deuxième fermentation « adoucissante » au cours de laquelle l'acide malique, fort et piquant, est transformé par des bactéries en acide lactique, beaucoup plus doux. Elle peut se produire seule, mais la plupart des vignerons la déclenchent en conservant le vin nouveau à une température élevée et/ou en y ajoutant délibérément des bactéries lactiques. Elle confère au vin une grande stabilité et un goût moelleux, équilibré et complexe – mais elle ne doit pas être excessive, sous peine de transformer le vin en une pâtée beurrée. Un peu de malo peut assouplir un vin sec et vif, rien de plus. Là encore, le chardonnay fermenté et vieilli en chêne est souvent soumis à une fermentation malolactique qui donne au vin ses saveurs crémeuses et beurrées caractéristiques.

Pour finir, il y a les lies, ces particules qui tombent au fond des cuves. On peut rendre un vin plus complexe en remuant les lies une fois par semaine environ. Pour les styles de vins légers, les lies sont en général retirées. Pour des vins plus grands au goût de beurre prononcé et vieillis en fûts, on peut les laisser un peu plus longtemps. Les vins rouges sont presque toujours élevés sur lies.

La propreté demeure une priorité pendant l'ensemble du processus de vinification et jusqu'à la mise en bouteilles.

L'élaboration du vin rouge

Pour la vinification en rouge, l'une des tâches les plus difficiles est de pelleter les pellicules de raisins hors des cuves après la fermentation. On ne peut alors que plaindre les ouvriers des caves, couverts de la tête aux pieds de restes de jus et de peaux – l'élaboration du vin rouge est, cela ne fait aucun doute, plus ardue que celle du vin blanc.

Quelle est la différence ? En un mot, la peau. Se contenter de presser le raisin et d'éliminer les pellicules donne du vin blanc. Faire fermenter le jus avec les pellicules de raisins noirs donne couleur et goût au vin rouge, du moins en théorie. Mais l'emploi des pellicules peut s'avérer délicat, et c'est là qu'interviennent les compétences de l'expert vinificateur.

Commençons par le fouloir, chargé de grappes de raisin noir fraîchement cueillies dont il brise les pellicules. Selon le style de vin et la quantité de tanins voulue, les rafles sont ou non jetées à cette étape – elles peuvent être à l'origine d'un goût désagréable et d'astringence excessive si l'on n'y prête pas attention.

De là, les raisins vont directement dans les cuves de fermentation – avec les pellicules. On ajoute des levures (sauvages ou cultivées). La fermentation dure au moins quatre semaines, à plus haute température (de 18 à 35 °C) que pour le vin blanc. Plus la température est élevée, plus on extrait de couleur et de tanins, et les régions fraîches ont parfois besoin de ces températures élevées. Il existe des exceptions. Les beaujolais fermentent

Pour l'inhabituel recioto della valpolicella amarone, on laisse le raisin sécher et se flétrir avant fermentation.

par macération carbonique : les raisins entiers baignent dans le dioxyde de carbone, et une première fermentation sans levure se produit, qui donne un fruité rouge et vif de framboise, des saveurs tendres et un bouquet de poire acidulée à boire jeune. De nombreux producteurs de grands vins rouges (surtout de pinot noir) versent aussi les grappes entières, avec la rafle, dans des cuves de fermentation ouvertes – ouvertes pour permettre au chapeau (la couche de matières solides qui flotte à la surface du moût) de se disloquer. Ils pompent alors une ou deux fois par jour le jus et le reversent sur le chapeau pour le faire descendre (un travail éreintant) ou enfoncent le chapeau complètement dans le jus.

Une fois la fermentation achevée, le vin nouveau de couleur violette est séparé des pellicules (et des dernières particules solides) et pompé dans des fûts. Beaucoup de

Les cuves de fermentation ouvertes ont leurs inconditionnels, mais elles impliquent un travail éreintant pour le vinificateur.

producteurs européens laissent aussi délibérément le vin nouveau de deux jours à deux semaines en cuve après la fin de la fermentation afin d'extraire plus de couleur des pellicules. Au contraire, sous un climat chaud, les vins deviennent vite trop tanniques, et certains producteurs séparent le jus des pellicules avant même la fin de la fermentation qu'ils terminent en fûts – on parle de fermentation en fûts, très utilisée en Australie et qui donne des vins au nez doux et bien chaud.

De l'importance du chêne

Après le raisin, le chêne tient un grand rôle. Les producteurs aiment faire admirer leurs fûts, et le chêne confère gravité et valeur à leurs vins. Connus et reconnus comme l'élément magique par excellence de la vinification, car leur bois transmet au vin saveur, couleur et tanins, les fûts sont chers, et certains tonneliers et/ou certaines provenances sont véritablement révérés.

Il existe une hiérarchie. Les fûts de chêne français ont la meilleure réputation et sont les plus chers, mais on trouve des tonneaux dans le monde entier. En effet, si seule une fraction des vins du monde est élevée en fûts (la plus grande partie est élaborée dans des cuves en acier inoxydable, moins onéreuses), la plupart des meilleurs vins vieillissent en fûts de chêne.

Pourquoi le chêne ? D'autres bois comme le pin, le châtaignier ou le séquoia ont été utilisés pour de grands volumes, comme les foudres, mais le chêne convient le mieux aux tonneaux et aux fûts de 225 litres, car il est résistant, étanche, souple. Toutefois, sa relation au vin n'est pas encore parfaitement connue.

La question de la forêt se pose aussi. Dans l'idéal, le bois devrait provenir d'arbres âgés de quatre-vingts à cent ans. Les tonneliers distinguent le bois à grain serré, qui aimera le vin, celui de haute futaie dense et celui à gros grain, plus poreux, que préfèrent les producteurs de cognac. Le chêne le plus apprécié des vinificateurs vient du centre de la France, des forêts de l'Allier, de la région de Nevers, en Haute-Loire, ou encore du massif des Vosges.

Le choix du chêne – le français est considéré comme le meilleur – est essentiel dans le processus de vinification.

On parle beaucoup du chêne américain (les États-Unis sont le premier producteur mondial) : beaucoup plus fort que le chêne français, il transmet au vin une douce saveur vanillée. Il est surtout utilisé pour le vin rouge en Amérique du Nord et du Sud, en Espagne (de longue date importatrice de fûts américains) et en Australie, mais il donne également de bons résultats avec le chardonnay de climat chaud.

Le degré de brûlage du fût contribue à rehausser les saveurs du vin : si le tonnelier ne chauffe que légèrement le bois, le fût dégagera mieux les saveurs chênées et les tanins que s'il a été moyennement chauffé. Quant aux fûts les plus chauffés, ils transmettront un goût caramélisé.

Plus le fût est neuf, plus il donne au vin son goût de chêne et ses tanins. Après trois élevages, un fût ne transmet pratiquement plus rien au vin.

Les vins rouges passent plus de temps en chêne que les blancs – de neuf à dix-huit mois, selon le corps et la structure voulus. Les rouges légers, faciles à boire et destinés à être consommés sans attendre, constituent évidemment l'exception et ne quittent pas leurs cuves d'acier inoxydable.

L'élaboration du vin rosé

Les vins rosés sont faits exactement de la même manière que les vins blancs, sauf que le jus est légèrement teinté par un bref contact avec les pellicules de raisins noirs avant fermentation. On peut aussi procéder par saignée, c'est-à-dire retirer le jus d'une cuve de raisins noirs broyés peu après le début de la fermentation. Enfin, une solution maison consiste à ajouter un doigt de vin rouge à son verre de blanc !

Dans les cuves de fermentation ouvertes, le jus est pompé est reversé sur le chapeau une ou deux fois par jour.

L'art de l'assemblage, du collage et du filtrage

Vins rouges et blancs sont presque toujours assemblés. Pour cela, on peut mélanger les vins de différents vignobles, ou de différents clones du même cépage d'un même vignoble, ou encore le vin de deux cuves du même vin vinifié selon des méthodes différentes, ou enfin différents cépages – chardonnay et sémillon, merlot, cabernet-sauvignon et malbec. C'est par l'assemblage que le vinificateur contrôle vraiment le style du vin.

Avant la mise en bouteilles, il reste à coller et à filtrer (ou non) le vin. Ces deux opérations aident à le stabiliser et le protègent des bactéries indésirables, tout en évitant les futurs dépôts solides au fond des bouteilles. Cependant, certains vinificateurs pensent que le vin perd ainsi de son caractère et se refusent à ces pratiques.

L'élaboration du vin mousseux

Krug est la seule maison champenoise à avoir encore recours à la fermentation en fûts pour la production de son vin de base.

Tous les pays viticoles font du vin mousseux, mais les méthodes diffèrent.

La méthode traditionnelle

C'est la plus classique et la meilleure, et elle est utilisée pour le champagne, le cava, le crémant, la blanquette de Limoux, de bons pétillants du Nouveau Monde, les metodo classico italiens et certains sekts allemands. Le vin de base (grappes entières pressées doucement et fermentées avec des levures pour donner un vin blanc sec non boisé, assemblé à d'autres vins de l'année ou des deux années précédentes jusqu'à obtention de l'équilibre voulu entre acidité, longueur et complexité) est d'abord mélangé à un peu de levure et de sucre, puis mis en bouteilles empilées, couchées dans une cave fraîche jusqu'à la fin de la seconde fermentation – au moins dix-huit mois.

Les bouteilles sont ensuite placées tête en bas sur des pupitres, et le « remueur » entre en scène : il incline les bouteilles progressivement pendant un mois environ pour tasser le dépôt de levures (les lies) au niveau du bouchon. Aujourd'hui, il existe des machines appropriées, appelées giropalettes, mais quelques maisons de champagne préfèrent encore faire les choses à l'ancienne.

Les goulots des bouteilles sont alors congelés avec le dépôt, qui se solidifie et est expulsé lorsque les bouchons sont retirés. Le vin est ensuite complété par un mélange de vin de base et de sucre liquide (c'est le dosage), et les bouteilles sont bouchées et laissées encore au repos quelques mois.

La méthode de transfert

C'est la deuxième meilleure méthode, utilisée pour certains pétillants du Nouveau Monde. La seconde fermentation a lieu en bouteilles, et le vin est ensuite transféré sous pression dans des cuves pour le dosage, le filtrage et la remise en bouteilles.

La méthode en cuve close

Également appelée « méthode Charmat », du nom de son inventeur, c'est la méthode la plus couramment utilisée pour des pétillants français et espagnols bon marché, la plupart des sekts allemands et des asti spumante. Le vin de base est pompé dans d'énormes cuves en acier inoxydable, où la seconde fermentation se produit à température contrôlée avant dosage, filtrage et mise en bouteilles.

Le dépôt s'accumule dans le goulot des bouteilles au fur et à mesure qu'elles sont inclinées sur les pupitres.

La gazéification

C'est la méthode la plus rudimentaire, également utilisée pour d'autres boissons gazeuses et qui donne une masse de bulles, spectaculaire mais éphémère : on injecte du dioxyde de carbone dans une cuve de vin, lequel est ensuite mis en bouteilles sous pression.

L'effet champagne

Pourquoi la méthode traditionnelle est-elle la meilleure ? Tout simplement parce qu'elle fait le mieux ressortir les saveurs du raisin. On peut vinifier tous les cépages, mais la plupart des producteurs s'en tiennent aux trois du champagne : chardonnay, pinot noir et pinot meunier. Les meilleurs vins de base sont très acides et ont peu de caractère – comme ceux de raisins cultivés dans des régions fraîches. Le chardonnay et le pinot noir sont parfois vinifiés seuls : un champagne 100 % chardonnay est appelé « blanc de blancs », un 100 % pinot noir est un « blanc de noirs ».

Le plus important pour un pétillant reste l'assemblage du vin de base : il peut comprendre jusqu'à quarante vins différents et requiert une expérience considérable pour prédire ce que sera le produit final.

Pourquoi le champagne est-il si cher ? Parce que des générations de producteurs nous ont convaincus que leur pétillant avait quelque chose de plus qu'un vin de table. Il faut dire aussi que la fabrication du champagne demande plus de capitaux, de temps et d'efforts.

L'élaboration du vin doux

Certains des meilleurs vins du monde sont doux – pensez au château d'Yquem (et son prix ne permet à beaucoup que d'y penser). En revanche, offrir un verre de vin doux entraîne invariablement une réponse négative. Un manque d'enthousiasme lié souvent à d'anciennes expériences : bon nombre de vins doux sont absolument imbuvables, et trop manquent d'une acidité suffisante pour équilibrer le sucre résiduel. L'anhydride sulfureux est partiellement responsable de ce déclin : les producteurs l'ont utilisé en grandes quantités pour éviter toute activité indésirable des levures avec pour résultat des vins râpeux. Un bon vin doux doit être équilibré, issu d'une récolte tardive et restituer toute la douceur naturelle des fruits parfaitement mûrs.

Les meilleurs

La pourriture – noble, bien sûr *(Botrytis cinerea)* – est essentielle. Sous le climat approprié, ce champignon dessèche les fruits mûrs, augmentant considérablement leur taux de sucres et leur acidité par l'ajout de glycérol (à l'origine de cette sensation sirupeuse) et d'une multitude de saveurs nouvelles. Cependant, s'il s'attaque au raisin avant maturité ou, s'il pleut trop, les fruits pourrissent sur pied, et lorsque le climat est de la partie (humidité, brumes matinales et après-midi chauds et ensoleillés), le jus obtenu est peu abondant. Enfin, le raisin doit être cueilli à la main et, comme tous les grains ne mûrissent pas en même temps, d'innombrables navettes sont à prévoir.

Le raisin est broyé et pressé, des levures y sont ajoutées, et une fermentation lente commence, au terme de laquelle le vin est élevé quelques mois dans de l'acier inoxydable ou du chêne, puis stabilisé, collé, filtré et mis en bouteilles.

Les meilleurs vins botrytisés viennent du Bordelais (Sauternes et Monbazillac), d'Alsace, où ils sont étiquetés « Sélection de grains nobles », d'Allemagne (*Trockenbeerenauslese* ou *Beerenauslese*), du Burgenland autrichien et de la région de Tokay. S'y ajoutent quelques bouteilles spéciales du monde entier. Certains producteurs (surtout en Californie) cueillent le raisin, puis le vaporisent en cave de spores de botrytis. Les vins obtenus sont parfois impressionnants.

Dans le vignoble de Château d'Yquem, les raisins sont cueillis à la main, car ils ne se botrytisent pas tous en même temps.

Les raisins trebbiano et malvasia sont séchés pour concentrer leur douceur naturelle.

Le reste

Certains vins doux sont faits avec des raisins en surmaturité dits de vendanges tardives. Ils sont généralement issus de cépages au goût très fruité, comme le riesling.

Le raisin est broyé et pressé dans une cuve en acier inoxydable froide. On y ajoute des levures, puis on réfrigère le vin pour stopper la fermentation (avant que le sucre ne se soit complètement transformé en alcool), on le stabilise, le colle, le filtre et le met en bouteilles. Cette méthode est utilisée pour le jurançon, les sauternes les moins chers et d'autres vins doux du sud-ouest de la France ou les spätlese et auslese allemands.

D'autres vins doux sont obtenus en faisant sécher le raisin, parfois au soleil, pour concentrer sa douceur naturelle. Cette méthode est surtout utilisée dans le nord-est de l'Italie pour le recioto della valpolicella (qui, s'il est sec, devient l'amarone).

Enfin, le plus savoureux est le vin de glace. Les raisins ne sont cueillis que lorsqu'ils ont gelé sur pied (un travail délicat). Ils sont pressés et donnent un sirop riche en sucres, séparé de l'eau qui reste sous forme de cristaux. Le Canada produit de bons vins de glace, ainsi que l'Allemagne et l'Autriche, lorsque le climat le permet. Des régions plus chaudes ont tenté avec un certain succès de congeler le raisin.

L'élaboration des vins mutés

Le porto tawny vieillit en fûts pendant au moins six ans avant l'assemblage et la mise en bouteilles.

Nous sommes nombreux à juger démodés les vins mutés. Et pourtant, lorsqu'ils sont bons, ils le sont vraiment – et font des vins parmi les plus intéressants du monde. Jadis appelés vins fortifiés, ils sont – comme ce nom l'indique – « fortifiés » par l'eau-de-vie. L'ajout d'alcool produit deux effets : il tue les levures et stoppe la fermentation. S'il a lieu avant la fin de la fermentation, alors que le jus contient encore du sucre non fermenté, le vin muté sera doux ; en revanche, si l'alcool est ajouté lorsque la fermentation est terminée et tout le sucre éliminé, le vin muté sera sec. Les opérations suivantes dépendent du style de vin : porto, madère, marsala, málaga, liqueur muscat australien ou xérès.

Porto

Aucune région n'égale la chaude et sèche vallée du Douro, dans le nord du Portugal. Des raisins noirs à peau épaisse comme le touriga nacional y sont transformés en vins intenses, doux et forts aux multiples styles. On distingue deux catégories principales : ceux vieillis en bouteilles et ceux vieillis dans le bois, mais chacune regroupe de nombreux styles différents de porto.

La production du porto vintage commence comme pour un vin de table sec, mais la fermentation est stoppée par de l'eau-de-vie alors qu'il reste encore beaucoup de sucres. Le niveau d'alcool monte en flèche, et le vin devient doux. Il est mis dans le chêne un an environ, puis élevé en bouteilles pendant au moins dix ans.

Le porto tawny âgé, au contraire, est vieilli avant la mise en bouteilles. Il reste en fûts pendant au moins six ans, le temps de prendre sa couleur *tawny* (brun orangé), puis il est assemblé à différents millésimes avant d'être mis en bouteilles.

De nombreux viticulteurs de climats chauds s'essaient au style porto – notamment en Australie, en Afrique du Sud et en Californie –, mais seuls peu de ces vins sont issus des cépages traditionnels de porto. Les plus proches sont le banyuls et le maury du Roussillon.

Xérès

La décanteuse a des comptes à rendre au xérès. En effet, son contenu fétide a fait se détourner plus d'un novice qui aurait pu s'enthousiasmer s'il avait essayé de le boire frais. On distingue deux styles de base de xérès : les finos et manzanillas, pâles et élégants, et les amontillados et olorosos, sombres et au goût de noix. Le xérès naît dans l'une des régions de bon vin les plus chaudes du monde, dans le sud de l'Espagne. Le cépage palomino domine ici, ainsi que la *flor,* la couche de levure naturelle qui se forme à la surface du fino en fûts et donne au vin son arôme piquant caractéristique – encore plus prononcé lorsque le vin a vieilli à proximité de la mer, comme le manzanilla de Sanlúcar de Barrameda.

La production d'oloroso commence comme celle des xérès extra-secs, mais on ajoute plus d'alcool avant la mise en fûts, et le développement de la flor n'est pas favorisé – le vin passe des années en fûts à s'assombrir jusqu'à une teinte d'un brun profond et à s'enrichir de saveurs intenses, épicées et boisées. On peut le mettre en bouteilles sec ou édulcoré par l'ajout de jus de raisin concentré. Sans les années en fûts, on obtient du xérès cream, le cousin moins onéreux de l'oloroso.

N'oublions pas le système unique en son genre de la solera, essentiel pour la production de nombreux vins mutés et aujourd'hui employé dans le monde entier. Cette méthode d'assemblage permet aux producteurs de garder un goût constant. Qu'on s'imagine une pyramide de fûts aux vins d'âges différents, les plus vieux en bas et les plus jeunes en haut : chaque année, un peu de vin est prélevé des fûts de la rangée du bas pour être mis en bouteilles et remplacé par du vin de la rangée immédiatement supérieure, lui-même remplacé par du vin de la rangée immédiatement supérieure, et ainsi de suite, jusqu'à la dernière rangée, dont les fûts sont complétés par du vin de l'année. Placer les fûts dans un grenier chaud et humide de l'île de Madère donne, qui l'eût cru ? du madère.

Loin d'être des vestiges d'une époque passée, les vins mutés sont parmi les plus intéressants qui soient. Le porto et le xérès sont les plus classiques, mais il en existe bien d'autres.

Le vin et la santé

Le vin – surtout le rouge – est bon pour la santé. Les scientifiques le répètent depuis une dizaine d'années, alors que nous buvons du vin depuis des siècles. C'est la politique de prohibition (1919-1933) aux États-Unis qui a contribué à lancer les recherches, dont la conclusion est que la consommation modérée de vin rouge peut aider à prévenir les maladies cardio-vasculaires.

On a appelé cela le « paradoxe français » : les Français n'hésitent pas à bien boire et bien manger sans effets néfastes apparents sur leurs coronaires. La consommation de vin rouge a été citée comme un facteur possible de réduction du risque de maladies cardio-vasculaires – et après la diffusion de la nouvelle à la télévision américaine en 1991, les ventes de vin rouge ont explosé. Les preuves sont aujourd'hui nombreuses que les buveurs modérés risquent moins de développer des maladies coronariennes – la principale cause de décès en Occident – que les gros buveurs ou même les abstentionnistes.

Mécanisme d'action

Il semblerait que l'alcool élimine les éléments chimiques inflammatoires du sang qui exercent une action défavorable sur le cholestérol sanguin et les protéines coagulantes. Une consommation modérée de vin renforce par ailleurs l'équilibre entre bon et mauvais cholestérol. Mais, plus qu'en alcool, le vin rouge est riche en phénols (pigments et tanins) aux propriétés antioxydantes – ce serait cette activité antioxydante qui exercerait (bien qu'il n'en existe encore aucune preuve formelle) des effets bénéfiques sur le cœur.

Que signifie « modérément » ?

C'est toute la question. Boire trop entraîne des modifications du comportement, des lésions hépatiques, une dépendance, des accidents et une démence progressive – sans oublier le lien entre alcoolisme et infarctus, hypertension artérielle, cancer, stérilité et autres maux.

Mais, consommé avec modération, l'alcool peut remonter le moral, faciliter la digestion, prévenir les maladies cardio-vasculaires, faire baisser la pression artérielle, stimuler l'appétit et même compléter un régime – de style méditerranéen.

Selon les pays, les limites de la « consommation raisonnable » diffèrent, et l'« unité » d'alcool – ce qui peut être consommé sans danger – varient beaucoup : aux États-Unis, par exemple, l'unité d'alcool standard est de 14 g, tandis qu'elle n'excède pas 10 g en Australie et 8 g en Grande-Bretagne – soit un petit verre de vin, un tout petit verre de vin muté, un doigt d'eau-de-vie ou un verre de bière. Les Français conseillent une prise d'alcool quotidienne de 60 g pour les hommes, et les Britanniques, moins de la moitié. Enfin, il ne convient pas d'« économiser » sa ration hebdomadaire pour tout boire d'un coup : l'effet anticoagulant serait alors temporairement décuplé et le risque d'hémorragie cérébrale accru. Bien sûr, il ne s'agit là que d'indications sommaires, et l'âge, la corpulence ou l'état de santé de chacun doivent aussi être pris en compte – en somme, il vaut toujours mieux écouter son bon sens, rien de bien nouveau.

Si la modération reste de mise, le vin est aujourd'hui considéré comme bénéfique – l'alcool contribue à faire baisser le taux de cholestérol dans le sang, et le vin rouge possède des propriétés antioxydantes susceptibles de protéger des maladies cardio-vasculaires.

Tout savoir sur le vin

De nombreux cours de tous niveaux proposent, outre une formation à la dégustation et d'estimation du vin, une introduction à la viticulture et à la vinification. Certains décernent même des diplômes – fort décoratifs.

Cours et formations

L'École des vins du CIVB (Comité interprofessionnel des vins de Bordeaux, 05.56.00.22.66) : véritable institution, propose diverses formules de stages (en français, en anglais et en allemand), ainsi que des week-ends dans le vignoble, des cours et des formules à la carte.

L'École des vins de Bourgogne du BIVB (Bureau interprofessionnel des vins de Bourgogne, 03.80.26.35.10) : conférences-dégustations ou formations de plusieurs jours incluant visites de vignobles et dégustations (en français et en anglais).

L'Institut du vin du Savour Club (08.20.72.03.33) : cycles de formation et soirées à thèmes (vins et mets, etc.) de différents niveaux.

L'Union des œnologues de France (01.58.52.20.20) : cours animés par des experts traitant de l'œnologie en général ou ciblés sur une région en particulier, ainsi que des animations ou dégustations sur demande.

Prodégustation (05.63.98.13.78) : propose des formations à l'œnologie, des visites en vignobles ou des week-ends/soirées-dégustations. Destinés aux particuliers comme aux entreprises ou aux groupes dans toute la France.

Les Vignerons-artisans (02.41.38.30.30) : centrés sur la Loire et ses vins, ils proposent des stages d'une demi-journée ou d'une journée dans une ambiance conviviale et ponctués par des rencontres avec des artisans ou des acteurs du monde du vin dans la vallée de la Loire : dégustation, vinification, etc. Possibilité de programme personnalisé.

Les Explorateurs de vins (01.43.73.72.33) : organisent des stages, des cours, des visites de vignobles et des dégustations à domicile sur demande.

À Londres, les départements vins de **Sotheby's** (44/20 7293 5727) et **Christie's** (44/20 7581 3933), proposent des cours et des dégustations encadrées.

Agences de voyages

Des agences de voyages internationales se sont lancées dans le tourisme viticole.

Grouptour (05.56.40.75.25) : séjours de cinq jours avec visites de vignobles et programme culturel – Alsace, Bordelais, Bourgogne, Beaujolais, Languedoc, Sud-Ouest, Jura.

Arblaster & Clarke (44 – 1730 893344) : couvre pratiquement l'ensemble du monde viticole. Voyages accompagnés par des guides.

Winetrails (44 – 1306 712111) : balades à pied ou à vélo à travers des régions viticoles, du Cap à la Nouvelle-Zélande.

Wink Lorch (44 – 1494 677728) : fait visiter la Savoie et la Suisse.

Friendship Wine Tours (44 – 1483 273355) : tournées en France, en Toscane…

The Sunday Times Wine Club Tours (44 – 1730 895353) : voyages de l'Espagne à l'Australie.

Wine & Spirit Tours (001 – 514 2239625) séjours dans les vignobles les plus prestigieux du monde entier accompagnés d'un sommelier.

Associations

Elles sont très nombreuses, des confréries traditionnelles aux associations d'amateurs ou aux grands clubs. **The International Wine & Food Society** (44 – 20 7495 4191) et ses nombreuses antennes est une bonne adresse pour débuter.

Pour en savoir plus

Parmi la multitude de titres : *Oz Clarke. L'Atlas des vins du monde,* Gallimard, 2003. *Le Vin*, André Dominé, Place des Victoires, 2001. *The Oxford Companion to Wine,* Jancis Robinson, Oxford University Press, 1999.

Glossaire

Acidité
Naturellement présente dans le raisin. Le vin aura un goût piquant si elle est trop élevée et sera mou si elle est insuffisante.

Ancien Monde
Pays viticoles traditionnels tels que la France, l'Espagne, l'Italie, l'Allemagne et le Royaume-Uni. Tous privilégient les méthodes de vitiviniculture traditionnelles.

Appellation
Région viticole définie géographiquement. En France, le système des « appellations d'origine contrôlée » garantit qu'un vin provient de la zone mentionnée sur l'étiquette, qu'il est issu de cépages spécifiques et produit selon une méthode spécifique.

Botrytis
Botrytis cinerea. Champignon parasite (classe des ascomycètes) qui s'attaque au raisin dans les climats frais et humides. Également connu sous le nom de pourriture noble, il les fait flétrir et pourrir, concentrant ainsi leurs sucres et saveurs.

Bouchonné
Odeur d'humidité et de moisi qui se dégage parfois lorsque le bouchon, abîmé, a infecté le goût et l'odeur du vin.

Chaptalisation
Ajout de sucre pendant la fermentation pour accroître le taux d'alcool du vin.

Collage et filtrage
Les vins à l'aspect trouble n'étant guère appréciés, on en retire donc les petites particules. Pour cela, on ajoute au vin un agent qui absorbe ces particules puis tombe au fond des cuves, d'où il est ensuite retiré. Les agents de collage les plus courants sont le blanc d'œuf, le sang de bœuf séché, la bentonite et l'ichtyocolle. Après le collage, le vin est passé à travers un filtre fin.

Cru
Terme désignant le vin d'un vignoble particulier.

Cru classé
Vignoble, domaine ou château appartenant au système de classification des vins de Bordeaux. En 1855, 61 vins rouges du Médoc (et un des Graves) ont été désignés Crus classés et répartis en cinq catégories déterminées par leurs prix. Seuls une poignée d'autres ont été classés depuis.

Cuvée
Terme désignant soit un assemblage de vins, soit une sélection spéciale.

Domaine
Propriété viticole. Surtout usité en Bourgogne.

Dosage
Ajout final à un vin mousseux venant remplir la bouteille après dégorgement dans la méthode champenoise et déterminant la douceur finale du vin.

En primeur
Terme commercial désignant le vin vendu à terme. Pratique commune à Bordeaux.

Fermentation malolactique
Elle se produit parfois dans les vins nouvellement fermentés lorsque l'acide malique, fort et piquant, est transformé par des bactéries en acide lactique, beaucoup plus doux. Elle peut se produire spontanément, mais la plupart des vignerons la déclenchent.

Hybride
Vigne issue de la fécondation croisée entre une espèce de vigne américaine et une espèce européenne, *Vitis vinifera.*

Lies
Ensemble des particules solides qui tombent au fond des cuves – cellules de levures mortes, pulpe de raisin, pépins, rafles. Désigne également les cellules de levures mortes qui tombent au fond des bouteilles de vin pétillant après la seconde fermentation.

Macération carbonique
Fermentation qui se produit dans les raisins noirs entiers – notamment ceux de gamay, dans le Beaujolais – et donne des vins violets et fruités à boire jeunes.

Millésime
Vendange d'une année, et titre donné à un vin d'une année particulière.

Mousse
Un bon vin pétillant doit posséder une mousse qui reste dans le verre et des bulles aussi petites que possible.

Négociant
Désigne un commerçant ou un transporteur qui achète le vin ou le raisin au producteur, l'élève et l'assemble parfois avant de le mettre en bouteilles et de le vendre.

Nouveau Monde
En principe, tout pays producteur de vin hors d'Europe. Désigne également un certain état d'esprit, car les producteurs dits du Nouveau Monde ont tendance à mieux s'adapter aux nouvelles technologies.

Œnologue
Spécialiste du vin.

Oxydation
Le vin exposé à l'air devient brun et plat, et peut finir par tourner au vinaigre. Cependant, lorsqu'elle est contrôlée – comme pour la production de xérès –, l'oxydation peut rendre un vin plus complexe.

Phylloxéra
Le fléau du monde viticole. Ce puceron qui dévore les racines des ceps a balayé l'Europe puis le reste du monde à la fin du XIXe siècle. Ce qui explique que les vignes soient aujourd'hui systématiquement greffées sur des porte-greffes américains, plus résistants.

Porte-greffe
Extrémité du pied du cep sur laquelle sont greffées les branches portant les fruits.

Pourriture noble
Voir Botrytis.

Rendement
Facteur important pour déterminer la qualité du vin. Moins la vigne porte de raisins, plus leur jus et donc le vin seront concentrés.

Soufre
Utilisé lors de la vinification pour nettoyer le matériel et comme antioxydant pour les raisins et les vins frais, auxquels il est ajouté sous forme d'anhydride sulfureux (SO_2) pour faire cesser ou retarder la fermentation.

Sur lies
Terme utilisé pour les vins blancs auxquels le contact avec les lies donne plus de caractère.

Tanins
Présents dans les pellicules et les rafles de raisins, les tanins donnent la même sensation astringente qu'un mauvais thé. Les vins rouges sont généralement très tanniques lorsqu'ils sont faits à partir de raisins à peau épaisse ou ont macéré longtemps en contact avec les rafles lors de la fermentation. Les tanins sont également présents dans les fûts de chêne, qui les transmettent au vin.

Terroir
Mot passe-partout qui englobe à la fois le type de sol, le climat, le drainage et l'emplacement d'un vignoble particulier.

Vendanges tardives
Les raisins de vendanges tardives contiennent plus de sucres et ont un goût plus concentré ; ils sont donc généralement doux.

Vin de cépage
Vin produit à partir d'un seul cépage et nommé d'après ce cépage.

Vinification
Processus de transformation du raisin en vin.

Vin vieux
Plus le vin est vieux, meilleur il est, en termes de production de vin de qualité.

« Viticulteur volant »
Ou « viticulteur itinérant ». Pour améliorer leurs vins, les caves du monde entier engagent les services de ces consultants en viticulture.

Viticulture
Culture de la vigne et gestion du vignoble.

Index

Remerciements

Un grand merci à Susan Low pour son aide
et à St. Martin Vintners Ltd., Brighton, Royaume-Uni,
ainsi qu'à Hanningtons, Brighton, Royaume-Uni.

Crédits photographiques

CEPHAS Picture Library : 9, 10, 14, 15, 16, 17, 18, 20, 21 (haut gauche), 22, 23, 25, 26, 29, 30, 33, 37, 66, 72, 73 (haut & bas), 84, 85, 88, 91, 93, 94 (haut gauche), 95, 96, 97, 98 (haut & bas gauche), 99 (centre & bas gauche), 101 (haut & bas), 102 (haut & bas), 103 (haut & bas gauche), 105, 106 (haut), 107 (haut, centre & bas gauche), 109, 110 (haut), 111 (haut & bas gauche), 113, 114 (haut & bas), 115 (haut & bas gauche), 117 (haut & bas), 119 (haut & bas), 120 (haut & bas), 121, 122, 123, 125 (haut & bas), 126 (haut & bas), 127 (haut & bas gauche), 129 (haut), 130, 131 (haut & bas), 133 (haut & centre), 135, 136, 137, 139, 140 (bas), 141 (haut & bas), 143 (haut & bas), 145, 146, 148, 149 (haut & bas), 150, 151, 152, 153, 154, 155 (haut & bas), 156, 157, 158, 159, 160 (haut & bas), 161, 162, 163, 164, 165, 166

Image Bank 40, 41 (bas), 42, 64

Tony Stone 34, 45 (bas), 78, 169

Superstock 7, 168

Elizabeth Whiting Associates 87